MES FICHES POUR LE BAC

2de

W0314469

Histoire Géographie

Frédéric Fouletier
Pascal Jézéquel
Évelyne Soumah
Johann Protais
Alain Rajot

Nathan

Sommaire

HISTOIRE

Lue | Relue | Apprise

Le monde méditerranéen : empreinte de l'Antiquité et du Moyen Âge

1 La Méditerranée antique : l'empreinte grecque 5-6
2 La Méditerranée antique : l'empreinte romaine 7-8
3 La Méditerranée médiévale : un espace de contacts 9-10
4 Points de passage et d'ouverture 11-12
Révision express 13-14

Un nouveau rapport au monde, un temps de mutation intellectuelle

5 Les Grandes Découvertes et leurs conséquences 15-16
6 Renaissance, humanisme et réformes religieuses 17-18
7 Points de passage et d'ouverture 19-20
Révision express 21-22

L'État à l'époque moderne : France et Angleterre

8 L'affirmation de l'État en France 23-24
9 Les révolutions anglaises et leurs conséquences 25-26
10 La naissance des États-Unis d'Amérique 27-28
11 Points de passage et d'ouverture 29-30
Révision express 31-32

ISBN : 978-2-09-157477-6

Sommaire

Lue / Relue / Apprise

Dynamiques et ruptures dans les sociétés des XVIIe et XVIIIe siècles

12 Les Lumières et le développement des sciences 33-34
13 Tensions, mutations et crispations de la société d'ordres 35-36
14 Points de passage et d'ouverture (1) 37-38
15 Points de passage et d'ouverture (2) 39-40
Révision express 41-42

GÉOGRAPHIE

Sociétés et environnements : des équilibres fragiles

16 Les risques naturels et technologiques 43-44
17 Les ressources : eau et énergies 45-46
18 La France : des milieux entre valorisation et protection 47-48
19 Études de cas 49-50
Révision express 51-52

Territoire, développement, population : quels défis ?

20 Des trajectoires démographiques différenciées 53-54
21 Développement et inégalités 55-56
22 Dynamiques démographiques et inégalités socio-économiques en France 57-58
23 Études de cas 59-60
Révision express 61-62

Sommaire

Lue Relue Apprise

Les mobilités

24 Les migrations internationales 63-64
25 Diverses mobilités à l'échelle internationale .. 65-66
26 La France : mobilités et réseau 67-68
27 Études de cas 69-70
Révision express 71-72

L'Afrique australe : un espace en profonde mutation

28 L'Afrique australe : transition et développement 73-74
29 L'Afrique australe : des mobilités complexes ... 75-76
Révision express 77-78

Corrigés 79-80

Exos interactifs

Téléchargez l'appli **gratuite** *Nathan Live* et **flashez** la couverture pour accéder à de nombreux **exercices supplémentaires.**

Crédits photographiques

p. 20 BIS/Photo du Vatican

Direction éditoriale : Raphaëlle Mourey
Coordination éditoriale : Julie Langlais
Édition : Sophie Petitprêtre
Conception graphique intérieur : Julie Lannes
Conception couverture : Frédéric Jély
Compositeur : Linéale
Cartographie : Légendes cartographie
Fabrication : Adeline Caillot

La Méditerranée antique : l'empreinte grecque

1

Lue Relue Apprise

L'Antiquité grecque a marqué la culture européenne. Depuis la philosophie des Lumières, les cités grecques, en particulier Athènes, ont inspiré des modèles politiques.

1 La démocratie athénienne

A Un régime fondé progressivement

- **La démocratie athénienne s'est construite par étapes** : le pouvoir de l'**aristocratie** a progressivement été étendu à l'ensemble des citoyens. Par leurs réformes aux VIIe et VIe siècles av. J.-C., Solon et Clisthène ont contribué à diminuer la domination des aristocrates sur les paysans.
- Les **guerres médiques** (490-479 av. J.-C.), menées par les Grecs contre l'expansionnisme perse en Méditerranée, ont permis de **renforcer le rôle des citoyens pauvres dans l'armée** et de leur donner des droits politiques.
- **Au Ve siècle av. J.-C., le peuple (*demos*) compte 40 000 citoyens** (hommes libres nés de deux parents athéniens), soit à peine 10 % de la population totale. **Le principe d'isonomie garantit à chacun d'entre eux une participation égale au pouvoir.**

Lexique

Aristocratie (de *aristos*, « meilleur », et *kratos*, « pouvoir ») : groupe social dominant et souvent le plus riche, considérant qu'il est le plus à même de posséder le pouvoir.

Isonomie : égalité devant la loi.

B Une démocratie directe

- **Le pouvoir est exercé directement dans l'Ecclésia**, une assemblée réunie tous les dix jours sur la Pnyx (colline athénienne). Durant cette réunion sont organisés des débats, le vote des lois ou de la guerre...
- **Chaque année a lieu la désignation, par tirage au sort, des magistrats** (dont 6 000 juges et 500 **bouleutes**) et l'élection des 10 stratèges dirigeant l'armée.
- La parole est libre. **Le tirage au sort permet à n'importe quel citoyen d'exercer une fonction.** Grâce au ***misthos***, même les citoyens les plus pauvres peuvent participer aux réunions.

Lexique

Bouleute : conseiller rédigeant les lois et préparant le travail de l'Ecclésia.

Misthos : indemnité compensant une journée non travaillée.

2 Une cité impérialiste

A Athènes et les autres cités au Ve siècle av. J.-C.

- Pendant les guerres médiques, **Athènes prend la tête d'une alliance de cités grecques (Ligue de Délos) et réussit à repousser la menace perse** (victoires de Marathon en 490 av. J.-C. et de Salamine en 480 av. J.-C.).
- Après le conflit, cette alliance est maintenue, mais **Athènes détourne son trésor** pour reconstruire et embellir la ville. Athènes se trouve alors à la tête d'un véritable empire qui s'appuie sur une flotte maritime dont l'entretien et les patrouilles permettent de donner du travail aux plus modestes, qui soutiennent la démocratie.
- **Certaines cités alliées contestent la domination athénienne**, mais leurs révoltes sont réprimées. À partir de 429 av. J.-C., Athènes est aux prises avec Sparte qui la défait en 404 av. J.-C. (guerre du Péloponnèse), amenant une brève disparition de la démocratie.

lexique

Ligue de Délos : alliance de cités grecques contre les Perses, menée par Athènes qui en contrôle le trésor.

Guerre du Péloponnèse : guerre liée à une révolte de cités grecques contre la domination d'Athènes. Sparte, située dans le Péloponnèse, est la principale cité menant la révolte.

B Le siècle de Périclès

- **Issu de l'aristocratie mais favorable à la démocratie, Périclès domine la vie politique athénienne au Ve siècle av. J.-C.** Il parvient à se faire élire 30 fois stratège, dont 15 fois de suite.
- **Périclès instaure le *misthos*** et l'obligation pour les citoyens riches de financer le théâtre, rendu gratuit pour les plus pauvres. Les sujets des pièces de théâtre sont une façon de **prolonger le débat démocratique** entre les citoyens : les tragédies glorifient l'Athènes démocratique, tandis que les comédies critiquent la démocratie.
- Mais Périclès est aussi celui qui puise dans le trésor de la Ligue de Délos, notamment pour **reconstruire l'Acropole**, détruite par les Perses. Il fait appel au sculpteur Phidias (v. 500-v. 430 av. J.-C.) pour la construction du **Parthénon**, temple principal dédié à la déesse protectrice de la cité, Athéna.
- Périclès meurt de la peste au début de la guerre du Péloponnèse, en 429 av. J.-C.

La Méditerranée antique : l'empreinte romaine

2

Lue Relue Apprise

Rome et son Empire forment le second modèle qui a pu influencer la culture européenne.

1 Auguste, fondateur de l'Empire

A Un pouvoir impérial mettant un terme aux guerres civiles

- L'expansion territoriale de Rome amène cette cité du centre de l'Italie à **contrôler le bassin méditerranéen** et donne une **importance croissante à l'armée et ses généraux** dans la vie politique. Au Ier siècle av. J.-C., Rome est secouée régulièrement par des tensions qui culminent en une **guerre civile**.
- **Octave**, héritier de Jules César, en sort victorieux. Concentrant autour de sa personne les **pouvoirs militaires** (**empereur**), **politiques** et **religieux**, il instaure le **principat**.
- Devenu **Auguste**, il fonde une **dynastie** où les empereurs désignent leur successeur.

lexique

Empereur : *imperator*, chef des armées.

Principat : régime politique attribuant le pouvoir à une personne, le *princeps* ou « premier » dans l'ordre des responsabilités politiques.

B Un empire vaste et organisé

- **Si le pouvoir est centralisé à Rome, l'Empire est divisé en provinces** dirigées au nom de l'empereur par des gouverneurs. Les légions romaines, aidées de troupes locales, protègent le ***limes***. Au IIe siècle apr. J.-C., la ***pax romana*** assure ordre et prospérité des rives de l'Atlantique au Proche-Orient.
- À la fin du IVe siècle, l'Empire est organisé en deux parties : l'**Occident** et l'**Orient**.
- Dans l'Empire, la citoyenneté donne surtout des droits civils et économiques. **Rome octroie largement ce statut prestigieux** : d'abord réservé aux élites municipales, il est finalement accordé à tous les hommes libres de l'Empire avec l'**édit de Caracalla** en 212.
- La **romanisation** des populations passe aussi par l'urbanisme, les modes de vie, le culte de l'empereur.

lexique

Limes : frontière entre l'Empire romain et les Barbares.

Pax romana : « paix romaine ».

Romanisation : processus de transformation culturelle dû à l'influence de Rome sur ses provinces.

2 De l'Empire romain à l'empire chrétien

A Un empire cosmopolite

- L'Empire connaît un vaste processus d'**échanges culturels** qui ne se limitent pas à la romanisation. Le **polythéisme** romain permet facilement de cumuler les cultes. À côté du latin qui se diffuse, le grec reste la langue dominante de l'Orient.
- Venu d'Orient, le **monothéisme** se divise, à partir du Ier siècle apr. J.-C., en deux courants : le **judaïsme** et le **christianisme**. Le christianisme est la religion qui se diffuse le plus dans l'Empire, aussi bien auprès des esclaves que des élites. Mais le refus de rendre un culte à l'empereur rend cette religion suspecte aux yeux des Romains. Des persécutions commencent dès le Ier siècle apr. J.-C.

lexique

Persécutions : traitement injuste et violent appliqué systématiquement à un individu ou un groupe.

B La christianisation de l'Empire

- Dans un contexte de lutte pour le pouvoir impérial et de menaces barbares, l'empereur **Constantin** (272-337) contrôle seul l'Occident après avoir remporté la bataille du pont Milvius en 312, puis tout l'Empire à partir de 324. **Il veut bâtir une nouvelle Rome à Constantinople.**
- À partir de Constantin, c'est la tolérance qui prévaut : par la promulgation de l'**édit de Milan** en 313, l'empereur romain instaure la **liberté de culte**. Devenu empereur grâce au soutien des chrétiens, Constantin se convertit lui-même, se faisant **protecteur de l'Église**.
- Avec l'**édit de Thessalonique** proclamé en 380 par l'empereur **Théodose** (347-395), **le christianisme devient la religion officielle de l'Empire**. En 392, le christianisme devient la seule religion autorisée. Désormais, les persécutions touchent les païens.
- **Le christianisme reste surtout le fait des villes** et pénètre plus difficilement dans les campagnes. Par ailleurs, **il connaît des débats et des variations**, notamment chez les Barbares qui se convertissent eux aussi. Cela pousse les évêques à fixer un dogme lors de conciles souvent présidés par l'empereur lui-même, comme le fait Constantin lors du concile de Nicée en 325.

lexique

Païen : adepte d'une autre religion que le christianisme.

Dogme : ensemble de règles reconnues comme des vérités incontestables.

Concile : assemblée des évêques, chefs locaux de l'Église.

La Méditerranée médiévale : un espace de contacts

3

Lue Relue Apprise

Au Moyen Âge, trois civilisations se partagent la Méditerranée. Leurs contacts peuvent être conflictuels sur le plan politique, ce qui n'empêche pas des échanges économiques et culturels.

1 Trois civilisations rivales

A La Méditerranée au XIIe siècle, un carrefour de civilisations

- **En Occident chrétien, l'Empire romain a été remplacé par des monarchies barbares** donnant naissance aux États européens actuels. Au XIIe siècle, cet espace est traversé par plusieurs dynamiques : la **féodalité** morcelle le pouvoir politique aux mains des seigneurs, tandis que les campagnes ainsi que les villes, et donc le commerce, connaissent un nouvel essor.
- **En Orient, l'Empire byzantin perpétue l'Empire romain**. En 1054, les divisions au sein du christianisme conduisent à un **schisme** entre les catholiques fidèles au pape en Occident et les orthodoxes en Orient.
- **Le sud de la Méditerranée est sous le contrôle de l'islam**. Cette religion, fondée en Arabie au VIIe siècle, a su constituer un empire s'étendant des portes de la Chine et de l'Inde jusqu'en Espagne. Si un **calife** le dirige, l'Empire, très vaste, est morcelé.

lexique

Féodalité : système social créant des liens de fidélité entre puissants (suzerains) et vassaux, fondés sur l'obtention d'un fief (terre).

Schisme : rupture religieuse.

Calife : successeur du prophète Mahomet.

B Des conflits nombreux

- **L'Empire byzantin recule** face aux avancées de l'islam. Les relations sont également tendues avec les catholiques, notamment les marchands italiens présents à Constantinople.
- Dans la péninsule Ibérique, **la *Reconquista*, appuyée par des chevaliers francs, fait reculer les musulmans** jusqu'en Andalousie.
- **En 1095, le pape lance un appel à la croisade** pour reconquérir les lieux saints occupés par les musulmans. Jérusalem est prise en 1099 et des États latins sont créés sur la côte du Proche-Orient. Sa reprise par Saladin en 1187 pousse les chrétiens à organiser d'autres croisades, mais celles-ci échouent et n'empêchent pas la disparition progressive des États latins au XIIIe siècle.

lexique

Reconquista : reconquête territoriale menée par les monarchies hispaniques du nord de la péninsule Ibérique vers le sud.

Croisade : guerre sainte menée au nom du Christ.

- Moine, abbé de Clairvaux et réformateur de l'ordre cistercien, **Bernard de Clairvaux** (1090-1153) **appelle à la deuxième croisade en 1147**. Valorisant la violence guerrière au nom de la guerre sainte, il est soutenu par la papauté.

2 Des échanges enrichissants

A Un commerce méditerranéen florissant

- **Le commerce qui existait à l'époque de l'Empire romain a repris autour de la Méditerranée.** Les routes, terrestres et surtout maritimes, relient Occident et Orient jusqu'en Asie.
- **Constantinople** joue un rôle de plaque tournante, tandis que les **cités italiennes** aux portes de l'Occident acquièrent progressivement le contrôle du commerce international.
- **Les civilisations échangent des produits spécifiques** : blé, bois, métaux, draps d'Occident, soie, épices d'Orient... L'Orient contrôle les marchandises les plus coûteuses.
- **Les croisades perturbent ponctuellement ce commerce international** mais le redynamisent aussi avec l'installation des États latins d'Orient sur les côtes orientales de la Méditerranée.

B Des échanges intellectuels intenses

- Malgré les conflits, **les civilisations connaissent de réels échanges scientifiques et culturels**.
- L'Empire byzantin est un **héritier de la culture gréco-latine** que la science arabe, aussi en contact avec l'Inde et la Chine, récupère, conserve et fait progresser.
- **Par l'intermédiaire des savants musulmans, l'Occident découvre ces savoirs à son tour.** De nombreux progrès sont ainsi réalisés dans les domaines de la philosophie, de la médecine ou encore des mathématiques (introduction des chiffres arabes), en particulier grâce aux contacts qui existent en Espagne. Mais l'Église catholique veille sur le dogme et interdit vite certains écrits, notamment ceux d'Aristote.
- Philosophe, théologien, juriste mais aussi médecin, **Averroès** (1126-1198), originaire de Cordoue en Andalousie, est surtout connu pour ses **commentaires d'Aristote**, permettant la redécouverte de celui-ci en Occident. Ses idées lui valent toutefois d'être condamné dans le monde musulman.

Points de passage et d'ouverture : le monde méditerranéen

4

Lue Relue Apprise

La figure d'Auguste est centrale dans la transformation de Rome, devenu un empire à l'échelle de toute la Méditerranée. Au Moyen Âge, l'Italie joue en revanche un rôle surtout commercial dans cet espace, à l'image de Venise.

1 Le principat d'Auguste

A D'Octave à Auguste

- Né en 63 av. J.-C., Octave est le neveu et le fils adoptif de Jules César, qui en fait son héritier. Dans la guerre civile romaine, il devient le chef du parti qui s'oppose à Marc Antoine, allié à Cléopâtre. **Après sa victoire sur celui-ci à Actium en 31 av. J.-C., Octave reste seul maître du pouvoir à Rome.**
- Évitant l'erreur de Jules César, qui avait été assassiné pour avoir voulu prendre le titre de roi de Rome, **Octave sauvegarde les apparences de la République.**
- **Il cumule les fonctions romaines traditionnelles** : **consul**, **tribun**, grand **pontife**, *imperator*, etc. En **27 av. J.-C.**, Octave est aussi proclamé ***princeps***, c'est-à-dire premier membre du Sénat, et reçoit le titre d'**Auguste**, terme signifiant « le plus illustre ». Certaines de ces fonctions lui sont attribuées à vie comme celle d'*imperator*, chef des armées, terme dont découle le mot français « empereur ».

Lexique

Consul : originellement, deux consuls dirigent la République à Rome. Ils sont renouvelés chaque année.

Tribun : traditionnellement, chef du peuple. Il a un droit de veto sur le Sénat.

Pontife : chef de la religion romaine.

B La concentration des pouvoirs

- **Toutes ces fonctions accumulées permettent à l'empereur d'être le chef absolu de Rome**, dirigeant tous les domaines : politique, religieux, militaire... Si le Sénat fait les lois, c'est le Prince qui nomme les sénateurs. Par ailleurs, **le retour à la paix**, après des décennies de troubles et de guerres civiles, **permet à Auguste d'obtenir le soutien du peuple**.
- **À sa mort en 14 apr. J.-C., Auguste est divinisé et un culte lui est rendu.** Il a pu désigner Tibère comme son successeur, fondant une dynastie. Les empereurs qui dirigent désormais Rome jouiront des mêmes pouvoirs et du même culte. Ils dirigent un empire vaste qui s'étend autour du bassin méditerranéen et dont ils essayent de préserver l'unité, l'ordre et la prospérité.

2 Venise, au cœur des échanges méditerranéens

A Une cité au carrefour des routes commerciales

- Située au nord-est de la péninsule italienne, construite sur une lagune et des îles de la mer Adriatique, **Venise émerge au cours du Moyen Âge comme une cité commerciale primordiale**, à l'image de Gênes ou Florence.
- **Venise échange des céréales, des tissus, de la soie, des pierres précieuses et des métaux**, mais aussi des produits travaillés sur place qui font naître un **artisanat** important et de qualité comme la verrerie. Le commerce maritime fait fonctionner une importante activité de **construction navale**.
- En contact direct avec l'Occident par ses routes terrestres et avec le monde byzantin et l'Orient par ses routes maritimes, **Venise représente l'interface entre l'Orient et l'Occident**. La cité obtient des **privilèges commerciaux** auprès du Saint-Empire romain germanique, de l'Empire byzantin, des États latins d'Orient.

> **Lexique**
> **Interface** : zone de contacts entre deux espaces différents.

- En 1204, Venise parvient à détourner la quatrième croisade à son profit pour prendre temporairement le contrôle de Constantinople et d'une partie de l'Empire byzantin.

B Des marchands actifs

- **Les marchands vénitiens sont présents partout** : sur les marchés d'Occident (foires de Champagne), à Constantinople, sur les rives du monde arabo-musulman...
- **À Venise même, le marché du Rialto est le centre de la vie économique et politique de la ville.** Le doge est élu par les riches familles marchandes.

> **Lexique**
> **Doge** : duc qui dirige la cité de Venise.

- **Les marchands vénitiens participent au développement du commerce et de nouvelles techniques qui fondent le capitalisme moderne** : change des monnaies, assurances sur le transport des marchandises, banque, lettres de change, etc.

Le monde méditerranéen

Révision EXPRESS

Les points essentiels

- Deux civilisations de la Méditerranée antique marquent particulièrement l'histoire et la culture des Européens : la **Grèce** et **Rome**.
- **En Grèce**, les cités qui divisent le pays connaissent des régimes politiques divers. **Athènes** est la première où apparaît la **démocratie**, qui donne le pouvoir à l'ensemble de ses citoyens. Ceux-ci l'exercent directement dans les réunions de l'**Ecclésia**, qui délègue aussi des fonctions. **Périclès** domine la vie démocratique athénienne du ve siècle av. J.-C.
- **Rome**, cité italienne, est devenue au fil des siècles un **empire** qui contrôle tout le bassin méditerranéen. Cela suscite des tensions et une guerre civile dont sort victorieux **Octave**. Il devient sous le titre d'**Auguste** le premier empereur, concentrant **tous les pouvoirs** mais ouvrant une ère de ***pax romana***, assurant retour à l'ordre, prospérité et romanisation.
- Les influences culturelles sont réciproques : l'Empire devient progressivement **chrétien**, d'abord grâce à la **politique de tolérance** de **Constantin**, puis par le choix du christianisme comme **religion officielle**.
- **Au Moyen Âge, l'unité romaine s'est brisée** : seul perdure en Orient l'**Empire byzantin**, soumis à la pression de l'**islam** apparu au sud. En Occident, les Barbares ont fondé des **monarchies chrétiennes**.
- Les relations entre les trois civilisations peuvent être **conflictuelles**, mais il y a aussi des **échanges** commerciaux et intellectuels.

Les dates-clés

-490	Victoire athénienne de Marathon sur les Perses
-429	Mort de Périclès
-27	Octave devient Auguste
14	Mort et divinisation d'Auguste
313	Édit de tolérance de Constantin envers les chrétiens
380	Le christianisme devient la religion officielle de l'Empire
VIIe siècle	Apparition et expansion de l'islam
1095	Appel à la croisade
1147	Bernard de Clairvaux appelle à la 2e croisade
1187	Reprise de Jérusalem par Saladin
1204	Venise détourne la 4e croisade sur Constantinople

Révision EXPRESS

Mémo'Quiz

Vrai ou faux ? Cochez la bonne réponse.

La Méditerranée antique : l'empreinte grecque

1. À Athènes, l'assemblée démocratique s'appelle l'Ecclésia.

❑ Vrai ❑ Faux

2. La Ligue de Délos est dirigée par Sparte contre Athènes.

❑ Vrai ❑ Faux

La Méditerranée antique : l'empreinte romaine

1. Octave devient Auguste en prenant le titre de roi.

❑ Vrai ❑ Faux

2. L'empereur Constantin lance les persécutions contre les chrétiens.

❑ Vrai ❑ Faux

3. L'Empire romain devient officiellement chrétien à la fin du IVe siècle.

❑ Vrai ❑ Faux

La Méditerranée médiévale : un espace de contacts

1. L'Empire byzantin est l'héritier de l'Empire romain d'Occident.

❑ Vrai ❑ Faux

2. L'Espagne médiévale est un centre d'échanges culturels.

❑ Vrai ❑ Faux

3. Venise détourne la quatrième croisade vers Constantinople.

❑ Vrai ❑ Faux

➜ Corrigés p. 79

Les Grandes Découvertes et leurs conséquences

5

Lue Relue Apprise

Les Grandes Découvertes bouleversent l'économie et la vision du monde de nombreuses sociétés, notamment des Européens, mais aussi des Amérindiens et des Africains.

1 De nouveaux empires atlantiques

A La découverte d'un nouveau continent

- **À partir du XVe siècle, les Portugais explorent la voie maritime** permettant de contourner l'Afrique et d'atteindre directement l'Asie sans passer par le monde musulman.
- **Christophe Colomb** (1451-1506), un marin génois, convainc les Espagnols d'emprunter la route de l'ouest à travers l'Atlantique. **En 1492, son expédition atteint les îles des Caraïbes.**

B La conquête des Amériques

- Par le traité de Tordesillas (1494), **Espagnols et Portugais se partagent le Nouveau Monde**. Des *conquistadores* (Cortés, Pizarro) font tomber les empires aztèque au Mexique et inca au Pérou.

> **lexique**
>
> ***Conquistador*** **:** « conquérant » espagnol du Nouveau Monde.

- En Amérique centrale, l'Espagne nomme « Castille d'Or » la province qui lui en fournit le plus. **Cet afflux de métaux précieux fait de l'Espagne la première puissance européenne pendant le « Siècle d'Or ».**

2 Une nouvelle dynamique économique

A L'économie coloniale

- **En Amérique se met en place une économie exploitant les ressources des colonies**, avec la création de mines (or, argent) et de plantations (canne à sucre, cacao, tabac, coton).
- **L'économie de plantation sucrière** (exploitation de grande taille nécessitant une main-d'œuvre très nombreuse et dont la production est destinée à l'exportation) **sert de modèle.**
- La main-d'œuvre est fournie par le système de l'***encomienda*****,** qui permet de **faire travailler gratuitement les Indiens** résidant sur un territoire soumis à l'autorité d'un *conquistador*. Mais le choc microbien, qui fait disparaître 90 % des Indiens, oblige à chercher des esclaves ailleurs.

> **lexique**
>
> **Choc microbien :** phénomène biologique désignant la forte mortalité due à l'arrivée dans une population de microbes inconnus jusque là.

B Le commerce triangulaire

- Le **commerce triangulaire** désigne les relations commerciales qui relient l'Europe, l'Afrique et l'Amérique, les produits échangés étant spécifiques à chaque étape.
- **Les Européens s'insèrent dans la traite négrière** déjà existante en Afrique et y installent des comptoirs où ils se fournissent en esclaves contre armes et pacotilles (mot d'origine espagnole désignant des marchandises sans valeur : bijoux, tissus, ustensiles de cuisine...).

> **Lexique**
> **Traite négrière :** commerce des esclaves africains.

- **Plus de 10 millions d'Africains sont déportés** jusqu'au XVIIIe siècle en Amérique, avec 10 % de morts durant la traversée. Ils travaillent dans les plantations, dans des conditions inhumaines.
- **Les bateaux finissent leur voyage d'une année en ramenant les matières premières** américaines dans les grands ports européens (Liverpool, Nantes, Séville...).

3 L'élargissement de l'horizon des Européens

A Le contact avec d'autres civilisations

- Avec violence mais aussi curiosité, **les Européens découvrent des populations aux cultures différentes** (religion, langue, mode de vie...). Ils se confrontent à l'altérité, tendant un miroir à leur propre culture et ouvrant réflexion et débats.
- Lors de la controverse de Valladolid (1550-1551), **Bartolomé de Las Casas**, un ancien colon devenu clerc, **défend l'humanité des Indiens**, ce qui ouvre la voie à l'évangélisation du continent mais aussi à la traite négrière.

> **Lexique**
> **Altérité :** caractère de ce qui est autre, différent de soi.
> **Évangélisation :** conversion au christianisme.

B Une nouvelle vision du monde

- Persuadé d'avoir atteint l'Asie en 1492, Christophe Colomb n'a pas compris qu'il avait découvert un nouveau continent. **L'« Amérique » est identifiée par le navigateur florentin Amerigo Vespucci, puis baptisée de son nom en 1507** par le cartographe Waldseemüller.
- La connaissance du monde, de ses terres et de ses océans, ou encore de ses espèces animales et végétales, progresse considérablement à partir du XVIe siècle. **Les échanges d'hommes et de produits ouvrent une première phase de mondialisation.**

Renaissance, humanisme et réformes religieuses

6

Lue Relue Apprise

Avec la redécouverte des textes antiques et l'invention de l'imprimerie, l'Europe connaît une véritable « renaissance » intellectuelle au XVIe siècle. Celle-ci se double d'une rupture religieuse, avec la fondation du protestantisme par Martin Luther.

1 L'humanisme, une nouvelle vision de l'Homme

A Une révolution intellectuelle

- **À partir du XVe siècle, la culture européenne est bouleversée par l'apport de connaissances extérieures** : redécouverte des textes antiques par le biais des savants musulmans d'Espagne, puis des savants byzantins fuyant la chute de Constantinople, découverte des Amériques...
- **Un appétit pour tous les savoirs et l'échange structure le monde des savants.** Ceux-ci s'interrogent sur la **nature de l'être humain**, dont ils proposent une vision optimiste : l'Homme peut s'améliorer pour mieux atteindre Dieu. **Érasme** (1467-1536), qui établit une version plus fidèle de la Bible, est surnommé le « Prince des humanistes ».

B Des savants dans leur temps

- **Pour transmettre leur savoir, les savants utilisent l'imprimerie**, mise au point par le graveur **Gutenberg** (1400-1468) vers 1450 en Allemagne. **Les ouvrages**, auparavant rares et coûteux car copiés à la main un par un dans des monastères, **deviennent accessibles au plus grand nombre.**
- Les savants sont souvent confrontés à l'immobilisme médiéval d'une Université aux mains de l'**Église, réticente face aux idées nouvelles**. Galilée en fait l'expérience lorsqu'il tente de proclamer l'**héliocentrisme**, mais doit reculer lors d'un procès face au pape.
- Les savants sont cependant **protégés par des alliés puissants** (ducs, rois, etc.) par le biais du **mécénat.**

lexique

Héliocentrisme : théorie affirmant que le Soleil est au centre de l'Univers.

Mécénat : soutien matériel et politique apporté par un puissant à un savant ou un artiste.

C Une révolution artistique

- **L'art connaît aussi des transformations humanistes** : références à l'Antiquité (d'où l'idée de « Renaissance »), apport de l'anatomie dans la compréhension du corps humain, nouveaux sujets célébrant la beauté de la Nature et de l'Homme...
- **La peinture en particulier bénéficie de nouvelles techniques.** La **géométrie** permet l'étude des proportions, de la perspective.

2 Des réformes religieuses

A Naissance du protestantisme

- En 1517, s'opposant à la pratique des indulgences que le pape utilise pour financer la rénovation de Rome, **le moine allemand Martin Luther préconise une réforme du catholicisme** dans 95 propositions.
- La réaction du pape (rejet puis excommunication) le pousse au schisme : **la religion protestante est fondée en 1521**. Luther organise lui-même cette réforme sous la protection de Frédéric III, prince de Saxe.

Lexique

Indulgences : pardon des péchés accordé en échange d'une somme d'argent.

Excommunication : expulsion d'un fidèle de l'Église.

Schisme : division d'une religion en deux Églises.

- Influencé par l'humanisme, Luther veut une religion instaurant un **lien plus direct entre Dieu et l'Homme**, en passant par la Bible plutôt que par l'Église.
- **Il inspire d'autres courants réformateurs en Europe** : le **calvinisme** sous l'action de Jean Calvin (1509-1564) en France puis en Suisse, l'**anglicanisme** sous le règne d'Henri VIII dans le royaume d'Angleterre...

B La Contre-Réforme

- En réponse à la Réforme protestante, **l'Église catholique organise un important concile à Trente**, en Italie. Ce concile, qui débute en 1545 et s'achève en 1563, confirme les **dogmes catholiques** (usage du latin pour la messe et la Bible, obtention du salut par la foi mais aussi par les œuvres telles que les indulgences, les pèlerinages ou les prières aux saints...) ainsi que le **rôle du pape**.

Lexique

Concile : assemblée des évêques réunie par le pape pour discuter du dogme.

- Fondé dans ce contexte, **l'ordre religieux des jésuites exige une formation et une discipline très strictes**. Son objectif est d'évangéliser non seulement les régions gagnées au protestantisme, mais aussi le Nouveau Monde.
- La **reconquête catholique** passe aussi bien par l'éducation et la propagande que par l'**art baroque** qui, par sa monumentalité et sa magnificence, se veut l'expression artistique de la grandeur de l'Église.
- L'Église catholique incite également les souverains à lutter contre les « prétendus Réformés ». Des **guerres de religion** déchirent le Saint-Empire romain germanique, puis la France (massacre de la Saint-Barthélemy en 1571), et enfin l'Europe tout entière (guerre de Trente Ans de 1618 à 1648).

Points de passage et d'ouverture : un nouveau rapport au monde

7

Lue Relue Apprise

Pour les Européens, le XVIe siècle est un siècle de bouleversements sur le plan culturel et religieux. Ces bouleversements touchent aussi d'autres peuples de la planète.

1 La controverse de Valladolid

A Les Indiens ont-ils une âme ?

- **Bartolomé de Las Casas** (1484-1566), ancien colon espagnol devenu moine, défend la cause des Indiens réduits en esclavage après la conquête de l'Amérique.
- Il intervient en ce sens lors de la **controverse de Valladolid** (1550-1551), convoquée par le roi d'Espagne et présidée par un **légat** du pape. Dans ce débat, **Bartolomé de Las Casas défend l'humanité des Indiens** face à Juan de Sepùlveda, qui les considère comme des sauvages **païens** et cannibales.

lexique

Légat : envoyé représentant le pape.

Païen : qui n'a pas de religion.

B Une décision qui bouleverse le destin des peuples

- Suite à cette controverse, **l'Église reconnaît l'humanité des Indiens et interdit leur esclavage**. Ils seront évangélisés. Mais ils sont décimés par les maladies apportées par les Européens.
- Pour se pourvoir en esclaves, les Européens se tournent alors vers le marché africain, déjà très actif, et organisent la **traite négrière transatlantique**.

2 Michel-Ange et la chapelle Sixtine

- **Influencés par les idées humanistes** et profitant des nouvelles connaissances, les artistes de la Renaissance développent de nouvelles techniques et s'intéressent à de nouveaux thèmes.
- **Ils sont aussi sous la protection de mécènes** riches et puissants. Au début du XVIe siècle, le pape Jules II, souhaitant rénover et embellir la ville de Rome, fait ainsi appel à de nombreux artistes, dont Michel-Ange.

lexique

Mécène : protecteur des savants et des artistes, leur donnant les moyens matériels de travailler.

● En repeignant le plafond de la chapelle Sixtine, Michel-Ange donne à voir de nombreuses **scènes inspirées de la Bible**, rappelant que les humanistes veulent célébrer la créature de Dieu à travers l'Homme : par son index tendu, Dieu crée l'Homme et lui donne la vie (Doc.).

3 Luther et la Réforme protestante

A Un schisme chrétien

● Au début du XVIe siècle, **l'Église catholique fait régulièrement l'objet de critiques**. Les dépenses du pape, financées par le commerce des indulgences, font scandale.

● En 1517, **le moine allemand Martin Luther** (1483-1546) **propose une réforme du christianisme** en 95 propositions. Ces propositions sont rejetées par le pape, qui décide l'excommunication de Luther en 1521.

B Une religion de l'humanisme ?

● Luther fonde alors le **protestantisme**, une nouvelle Église qui établit une **relation plus directe entre l'homme et Dieu** par l'intermédiaire de la Bible, mettant en avant davantage la foi que les actes. La nécessité de lire directement la Bible permet une meilleure instruction des fidèles.

● **De nombreux dogmes catholiques sont rejetés**, comme la croyance en la Vierge Marie et les saints. Les cérémonies religieuses et le clergé sont limités au minimum.

Doc. *La Création d'Adam*, une œuvre humaniste

Michel-Ange (1511), *La Création d'Adam*,
plafond de la chapelle Sixtine, palais du Vatican, Rome.

Un nouveau rapport au monde

Révision EXPRESS

Les points essentiels

- Explorant des voies maritimes pour contourner le monde musulman et établir un commerce direct avec l'Orient, **les Européens font des découvertes géographiques qui bouleversent leur connaissance du monde**, en particulier lorsqu'ils découvrent un nouveau continent : l'Amérique.
- S'ensuit un processus de conquêtes. Dans les nouveaux empires, **une économie coloniale d'exploitation des mines et des terres se met en place**, appuyée sur la traite négrière qui voit la déportation de 10 millions d'Africains en trois siècles.
- **Le XVIe siècle est aussi l'époque de la Renaissance et de l'humanisme.** Cette nouvelle vision de l'Homme, plus optimiste, bouleverse le champ culturel, artistique et scientifique de toute l'Europe. De grands artistes, tels que Léonard de Vinci, Raphaël ou Michel-Ange, signent des chefs-d'œuvre fondateurs. Les savants font progresser les sciences, même si l'Église s'oppose parfois à ce progrès des connaissances, comme en astronomie avec Galilée.
- **Des tensions au sein du catholicisme débouchent sur un schisme qui voit la naissance d'un nouveau courant chrétien**, baptisé **protestantisme**, sous l'impulsion du moine allemand Luther. Des guerres de religion déchirent alors catholiques et protestants. Les papes sont obligés de mener une Contre-Réforme.

Les dates-clés

1453	Prise de Constantinople par les Ottomans
1456	Bible imprimée de Gutenberg
1492	Découverte de l'Amérique par Christophe Colomb
1511	Michel-Ange achève le plafond de la chapelle Sixtine
1517	Publication des *95 thèses* de Luther
1521	Luther fonde la religion protestante
1545-1563	Concile de Trente
1550-1551	Controverse de Valladolid
1598	Édit de Nantes par Henri IV
1618-1648	Guerre de Trente Ans

Mémo'Quiz

Vrai ou faux ? Cochez la bonne réponse.

Les Grandes Découvertes et leurs conséquences

1. Les Espagnols atteignent l'Inde par la voie du sud, en contournant l'Afrique.

❑ Vrai ❑ Faux

2. Le continent américain doit son nom à un cartographe.

❑ Vrai ❑ Faux

3. Les esclaves indiens remplacent les esclaves africains en Amérique.

❑ Vrai ❑ Faux

4. L'or est la principale richesse qui provient du Nouveau Monde.

❑ Vrai ❑ Faux

Renaissance, humanisme et réformes religieuses

1. L'humanisme a le soutien de l'Église.

❑ Vrai ❑ Faux

2. L'humanisme s'inspire de l'Antiquité.

❑ Vrai ❑ Faux

3. Le protestantisme est une religion qui multiplie les cérémonies et les actes religieux.

❑ Vrai ❑ Faux

4. La France a connu des guerres de religion.

❑ Vrai ❑ Faux

→ Corrigés p. 79

L'affirmation de l'État en France

8

Lue Relue Apprise

Avec la mise en place progressive d'une monarchie qui tend vers l'absolutisme, le pouvoir royal se renforce en France au cours du XVIIe siècle.

1 Une monarchie absolue qui rencontre des résistances

A Une monarchie déstabilisée par les guerres de religion et certaines oppositions

- De 1562 à 1598, **huit guerres de religion opposent catholiques et protestants**. Ces guerres affaiblissent le pouvoir du roi, qui perd le contrôle d'une partie du territoire.
- Ces guerres entraînent une réflexion sur la nécessité de **confier à l'État le monopole de la violence**. Elles prennent fin avec la promulgation de l'**édit de Nantes** en 1598 par Henri IV, qui défend la **tolérance religieuse**.
- Durant l'enfance de Louis XIV, **la noblesse**, qui voit son pouvoir restreint, **mène un soulèvement armé appelé la Fronde**.

B Une monarchie de droit divin qui se renforce au XVIIe siècle

- **La monarchie française est dite « de droit divin »** car le roi doit traditionnellement son trône à la volonté de Dieu. Les lois du royaume lui imposent ainsi d'être catholique.
- Les souverains s'appuient sur le **gallicanisme** pour contrôler l'Église de France. Depuis le **concordat de Bologne** signé avec le pape en 1516, **la nomination des évêques revient au roi**. La monarchie lutte contre les courants religieux jugés dissidents, tels que les jansénistes et les protestants en 1685.
- **Le long règne de Louis XIV** (1638-1715) **permet un renforcement du pouvoir royal** : la France devient une **monarchie absolue**. Le souverain s'appuie sur son pouvoir militaire et la France ne connaît que quinze années de paix sous son règne. Les assemblées sont marginalisées et les derniers **états généraux** sont convoqués en 1614. Les membres des parlements qui défendent leur **droit de remontrance** sont emprisonnés par Louis XV en janvier 1771.

Lexique

Gallicanisme : doctrine réservant au pouvoir royal le gouvernement de l'Église de France, le pape conservant le pouvoir spirituel.

Monarchie absolue : régime politique dans lequel le souverain détient tous les pouvoirs et gouverne sans contrôle.

États généraux : assemblée des trois ordres du royaume.

Droit de remontrance : droit de contester une décision royale.

- **Versailles**, devenue résidence royale en 1682, **est également un outil de domestication de la noblesse et un symbole de la monarchie de droit divin.** Symboliquement, le roi Louis XIV y est au centre : ses appartements sont placés à la croisée de tous les axes de circulation. Sa chambre fait face à Apollon (dieu du Soleil) dans son lever triomphal. Ainsi est mise en scène la figure du Roi-Soleil.

2 Un État puissant et modernisé

A Un absolutisme administratif

- Pour moderniser l'État, **le roi s'entoure d'officiers bien formés et issus de la bourgeoisie**. Ils passent de 4 000 en 1515 à 50 000 sous Louis XV. Certains, comme Jean-Baptiste Colbert, sont anoblis. Ils achètent leur office et peuvent même le léguer à partir de 1604.
- Il existe également des intendants envoyés dans les provinces pour **contrôler le fonctionnement de l'État**. On dit qu'ils sont « les oreilles et les yeux du roi », auquel ils rapportent directement leurs observations.

lexique

Office : charge publique.

Intendant : haut fonctionnaire représentant le pouvoir royal dans les provinces.

B Le rôle essentiel de la fiscalité

- **Les impôts directs** (la taille) **et indirects** (la gabelle) **ne cessent d'augmenter** afin de financer la guerre et le fonctionnement de l'État. Louis XIV, qui a constamment besoin de ressources financières, en confie une partie à des fermiers généraux qui avancent l'argent et perçoivent par la suite eux-mêmes l'impôt.
- **Ce système**, qui facilite les abus et génère une fiscalité de plus en plus lourde, **donne lieu à de nombreuses révoltes fiscales**, dont celle des **Bonnets rouges** en 1675, très durement réprimée par le pouvoir.

lexique

Gabelle : impôt indirect sur le sel.

C Un État qui se préoccupe d'économie

- **Colbert** (1619-1683), ministre des Finances de Louis XIV, œuvre dans ce domaine en mettant en place une politique mercantiliste destinée à enrichir le royaume, facteur indispensable de puissance selon lui.
- Dans ce but, il multiplie les manufactures royales (par exemple, celle des Gobelins qui produit des tapisseries). Il crée également des **compagnies de commerce**.

lexique

Mercantilisme : doctrine économique prônant l'intervention de l'État et visant la prospérité par les exportations permises par une base industrielle solide.

Manufacture : établissement industriel fondé par le roi.

Les révolutions anglaises et leurs conséquences

9

Lue Relue Apprise

Comme d'autres monarchies, l'Angleterre connaît au début du XVIIe siècle une tendance vers l'absolutisme. Mais depuis 1215, la Grande Charte limite les pouvoirs royaux par la présence d'un Parlement.

1 Aux origines des révolutions

A La première révolution anglaise et le « moment Cromwell » (1642-1660)

- Le roi Charles Ier d'Angleterre (1625-1649) est partisan de la **monarchie absolue de droit divin** appuyée sur l'**Église anglicane**. Mais depuis le XIIIe siècle, **un Parlement contrôle les impôts et garantit les libertés**. Ce Parlement est organisé en deux chambres :
  – la **chambre des Lords**, nommée par le roi et composée de grands nobles et d'évêques anglicans ;
  – la **chambre des Communes**, dont les députés sont élus par les propriétaires anglais.

- **Charles Ier refuse de gouverner avec le Parlement** et cela entraîne la guerre civile (1642-1648). Le Parlement remporte la bataille de Naseby en 1645. Charles Ier est alors jugé puis exécuté en janvier 1649.
- **Le nouveau gouvernement abolit la royauté et fonde la république. Oliver Cromwell**, un parlementaire issu de la petite noblesse rurale, **se fait proclamer « Lord Protecteur »** mais établit en réalité une dictature. Il impose également le **puritanisme** et l'ordre anglais. En avril 1653, **il dissout le Parlement** et certains l'accusent de vouloir rétablir à son profit la monarchie.
- À la mort de Cromwell en 1658, son fils lui succède, mais il doit renoncer au pouvoir quelques mois plus tard. En 1660, le Parlement rappelle le fils de Charles Ier, qui règne alors sous le nom de Charles II (1660-1685). C'est la **restauration monarchique**.

Lexique

Monarchie absolue de droit divin : régime dans lequel le pouvoir du souverain est considéré comme étant la volonté de Dieu. Son pouvoir n'est donc pas partagé et il n'admet aucune limite, sauf celle de Dieu.

Église anglicane : Église officielle d'Angleterre qui se proclame chrétienne, catholique et réformée. Elle n'obéit pas au pape puisque son chef est le souverain britannique.

Puritain : personne qui prétend pratiquer un christianisme pur, appuyé sur une lecture littérale de la Bible.

B La restauration monarchique et la seconde révolution anglaise (1660-1689)

● Après la restauration de 1660, le Parlement vote en 1679 la loi d'***Habeas Corpus***, qui a pour but d'**éviter les arrestations et détentions arbitraires**. Cette loi est rapidement considérée comme un modèle en Europe et dans les colonies britanniques, même si les abus restent encore nombreux.

● À la mort de Charles II en 1685, son frère Jacques II lui succède, mais il se heurte rapidement au Parlement. Diverses personnalités prennent alors contact avec **Guillaume d'Orange**, époux de Marie, la fille aînée du roi, qui se propose de **préserver les droits politiques et religieux des Anglais**. Guillaume débarque en novembre 1688 et provoque la fuite de Jacques II.

2 La mise en place d'un régime parlementaire

A Le *Bill of Rights* : une limitation du pouvoir royal

● En janvier 1689, le Parlement est prêt à transmettre la couronne à Guillaume et Marie d'Orange, mais ceux-ci doivent au préalable accepter de signer la **Déclaration des droits** (ou ***Bill of Rights***) qui **limite leur pouvoir**.

● Le *Bill of Rights* est non seulement un **texte essentiel de l'histoire politique et juridique britannique**, mais aussi une **référence dans l'histoire européenne** tant il a influencé les penseurs des Lumières.

B L'émergence de la puissance britannique

● **Le système politique et juridique britannique** devient une référence dans l'histoire européenne et **influence le mouvement philosophique des Lumières.** En Angleterre, les Lumières (***Enlightenment***) ne se manifestent pas par une lutte contre l'Église, ni par de fortes oppositions idéologiques. À l'image de Newton, de nombreux scientifiques et intellectuels souhaitent l'aide de l'esprit divin pour mieux comprendre le cheminement de la raison humaine.

● **L'essor économique du royaume est favorisé par la fondation de la Banque d'Angleterre en 1694.** Le *Stock Exchange* (la Bourse) est créé en 1773 et les activités commerciales et financières sont alors étroitement liées. La ***City*** de Londres se spécialise dans les activités commerciales et financières.

Lexique

Enlightenment : expression anglaise désignant les idées nouvelles qui naissent en Angleterre à partir du XVIIe siècle.

City : quartier central de Londres qui concentre les activités financières et commerciales.

La naissance des États-Unis d'Amérique

10

Lue Relue Apprise

La révolte des Treize colonies anglaises d'Amérique du Nord permet l'émergence d'un nouvel État outre-Atlantique. Celui-ci se dote d'une Constitution à l'origine d'un régime républicain porteur de libertés, mais qui connaît aussi des limites.

1 La révolution américaine

A La révolte des Treize colonies

- Au XVIIIe siècle, les Treize colonies anglaises de la côte nord-est de l'Amérique connaissent une grande prospérité.

À partir de 1763, le gouvernement anglais crée de nouveaux impôts sur le sucre et le thé. Il impose aux colons de ne faire du commerce qu'avec l'Angleterre (**régime de l'exclusif**) et leur interdit de s'installer plus à l'ouest, de peur de déclencher de nouvelles guerres contre les Indiens.

> **lexique**
> **Régime de l'exclusif** : système commercial qui contraint une colonie à ne commercer qu'avec sa métropole.

- Pour les colons, **ces décisions violent le droit des sujets britanniques de ne pas être taxés sans consentement de leurs représentants** (en référence à la Déclaration des droits de 1689), les colonies n'étant pas représentées au Parlement britannique à Londres.
- En décembre 1773, pour protester contre cette situation, **les colons organisent la *Boston Tea Party*** : quelques habitants, nommés les « Fils de la Liberté », montent à bord de trois navires déguisés en Amérindiens et jettent à la mer des caisses de thé taxées. **Cet événement symbolise le début de la révolte**, mais les colons sont divisés entre ceux qui prônent l'indépendance, les **insurgents**, et ceux qui souhaitent demeurer britanniques, les **loyalistes**.

B L'indépendance des États-Unis d'Amérique

- **Le 4 juillet 1776, les délégués des Treize colonies adoptent la Déclaration d'indépendance.** Ce texte évoque la force des libertés individuelles et proclame que « tous les hommes sont créés égaux ». Il s'oppose également à toute forme de tyrannie.
- **L'Angleterre réagit par la force et envoie des troupes mater la rébellion.** Commandés par **George Washington** et aidés militairement et financièrement par la France depuis 1778, les Américains remportent la victoire de Yorktown en octobre 1781. **Par le traité de Paris signé en 1783, l'Angleterre reconnaît l'indépendance des États-Unis.**

2 Un régime porteur de libertés mais comportant des limites

A Enjeux et limites de l'application des principes démocratiques

• La **Constitution de 1787** ménage la volonté d'indépendance des treize États mais met en place un **pouvoir fédéral** compétent dans les domaines du commerce extérieur, de la défense, de la politique extérieure et des relations entre les États fédérés. Afin que les grands États ne dominent pas trop les plus petits, il est décidé que chaque État disposera de deux sièges de sénateurs, alors que la représentation serait proportionnelle à leur population à la Chambre des représentants.

• La **séparation des pouvoirs** exécutif, législatif et judiciaire est instituée et semble concrétiser un cadre juridique fondé sur la **démocratie** et l'**égalité en droit**. Le pouvoir législatif est ainsi détenu par le **Congrès**, formé de la **Chambre des représentants** et du **Sénat**. Le **président**, élu pour quatre ans, incarne le pouvoir exécutif et dispose d'un droit de véto sur les lois décidées par le Congrès.

• Cependant, **la Constitution élaborée en 1787 comporte d'importantes limites**. Ainsi, la référence au « peuple des États-Unis » exclut les Indiens, les noirs, les femmes et même les serviteurs blancs. **L'esclavage n'est pas aboli et la Constitution ne prévoit pas de suffrage universel.** En outre, la séparation des pouvoirs établie est en partie incomplète, puisque le président dispose d'un droit de véto sur les lois et nomme les juges à la Cour suprême.

B L'influence des révolutions atlantiques

• **L'indépendance américaine se nourrit des idées venues d'Angleterre et de France** (les Lumières), et en propose une application concrète. L'insurrection américaine est particulièrement bien accueillie en France, surtout auprès de la bourgeoisie et de l'aristocratie, à l'instar du marquis de La Fayette qui participe au conflit.

• Mais au même moment, la France vit encore sous un régime absolutiste et **le vent de liberté venu d'Amérique va y avoir de grandes conséquences**.

Points de passage et d'ouverture : l'État à l'époque moderne

11

Lue Relue Apprise

À l'époque moderne, les États français et britannique représentent des modèles politiques différents : la France de l'Ancien Régime est une monarchie qui tend vers l'absolutisme, alors que l'Angleterre inaugure une monarchie limitée très influente. Cependant, ces régimes connaissent des oppositions et des évolutions qui inaugurent l'ère des révolutions atlantiques.

1 L'*Habeas Corpus* et le *Bill of Rights* : le refus de l'arbitraire royal

A L'*Habeas Corpus* (1679) : garantir les libertés individuelles

- Depuis le XIIIe siècle, le Parlement anglais souhaite particulièrement empêcher les arrestations sans motif et sans contrôle d'un juge. Après la restauration de 1660, le Parlement vote en 1679 la loi d'***Habeas Corpus***, qui a pour but d'**éviter les arrestations et détentions arbitraires**.
- **Cette loi fixe un délai bref pour la présentation de tout prisonnier à son juge et impose la libération sous caution du détenu dans l'attente de son jugement**, à l'exception des auteurs des crimes les plus graves. Des sanctions sont prévues pour punir ceux qui ne respecteraient pas la nouvelle loi.

B Le *Bill of Rights* (1689) : établir le régime parlementaire

- Après la seconde révolution de 1688-1689, Guillaume et Marie d'Orange, pressentis comme souverains, doivent au préalable accepter de signer la **Déclaration des droits** (ou ***Bill of Rights***) qui **limite leur pouvoir**.
- Désormais, **les lois ne pourront être adoptées qu'après avoir été votées par les chambres et sanctionnées par le roi**, qui ne peut ni les faire seul ni les suspendre. Le Parlement devient souverain en matière de « levée d'argent » et de « levée des armées ». Il doit être « fréquemment réuni » et ses membres jouissent d'une totale liberté d'expression dans son enceinte. Enfin, le peuple anglais dispose du **droit de pétition** et du **droit de voter librement**.

Lexique

Droit de pétition : droit de s'adresser au gouvernement pour exprimer une protestation ou une demande.

2 Voltaire, l'Angleterre et la publication des *Lettres philosophiques*

- En 1726, à la suite d'une querelle avec un noble, **Voltaire s'exile en Angleterre jusqu'en 1729**. Il y découvre les libertés parlementaires et est surtout impressionné par l'esprit de **liberté** et de **tolérance** qui règne au sein de cette société. Il admire l'*Habeas Corpus*, alors qu'en France existent encore les lettres de cachet.

Lexique

Lettre de cachet : document juridique non public transmettant un ordre du roi, permettant notamment d'enfermer n'importe quel sujet du royaume sans procès.

- Après avoir pu observer au plus près le développement économique britannique, Voltaire en déduit que **l'intensité des échanges marchands et intellectuels augmente en proportion de l'aspiration des peuples à plus de liberté et de tolérance**.
- Maîtrisant la langue anglaise, Voltaire rencontre des écrivains, des philosophes et des savants. **Il entreprend alors de célébrer le régime anglais pour indirectement critiquer celui de la France.** C'est à Londres qu'il commence à rédiger en anglais un ouvrage où il expose ses observations sur l'Angleterre. Il le fera paraître en 1734 en France, sous le titre de ***Lettres philosophiques***. Il y évoque la question religieuse, mais décrit également le gouvernement et le commerce britanniques. **Les *Lettres philosophiques* favorisent une diffusion de l'influence anglaise en France.**

3 George Washington, premier président des États-Unis d'Amérique

- **George Washington** (1732-1799) **est un riche planteur de Virginie qui s'engage dans l'armée continentale**, dont il devient le commandant en chef au moment de la guerre d'indépendance américaine, entre 1775 et 1783.
- Grâce à l'aide du marquis de La Fayette et de la France, les Américains remportent la victoire de Yorktown en octobre 1781. **Avec la signature du traité de Paris en 1783, l'Angleterre reconnaît l'indépendance des États-Unis.**
- **En 1787, une Convention constitutionnelle se réunit**, sous la présidence de George Washington, pour organiser les institutions du nouvel État. **George Washington est élu premier président des États-Unis d'Amérique** et accomplit presque deux mandats entre 1789 et 1796.

L'État à l'époque moderne : France et Angleterre

Révision EXPRESS

Les points essentiels

- À l'époque moderne, **le pouvoir royal français se renforce avec la mise en place d'une monarchie absolue. Monarchie de droit divin**, l'État ne tolère pas les protestants ou ceux qui remettent en cause son autorité. **La monarchie mène de nombreuses guerres et les finance par l'impôt**, ce qui entraîne des révoltes qui limitent le pouvoir royal.
- **L'Angleterre connaît également une tendance vers l'absolutisme au début du XVIIe siècle.** Deux révolutions finissent par **limiter le pouvoir du souverain au profit du Parlement**. L'***Habeas Corpus*** et la **Déclaration des droits** témoignent de cette évolution. Pour autant, l'expérience républicaine est très courte et l'Angleterre devient une monarchie limitée.
- N'acceptant plus la domination de la métropole britannique, **les colonies anglaises d'Amérique déclarent leur indépendance en 1776.** Commandés par **George Washington**, les Américains battent les Britanniques, qui **reconnaissent l'indépendance des Treize colonies en 1783.** Ces dernières se transforment en un nouvel État fédéral : les États-Unis.

Les dates-clés

- **En France :**

1643-1715	Règne de Louis XIV
1675	Révolte fiscale des Bonnets rouges
1685	Révocation de l'édit de Nantes

- **En Angleterre :**

1642-1648	Première révolution anglaise
1679	*Habeas Corpus*
1689	*Bill of Rights*

- **En Amérique :**

4 juillet 1776	Déclaration d'indépendance
3 septembre 1783	Traité de Paris : reconnaissance de l'indépendance des Treize colonies
17 septembre 1787	Constitution des États-Unis

Mémo'Quiz

Cochez la bonne réponse.

L'affirmation de l'État en France

1. Le gallicanisme est :

❑ une langue régionale du nord de la France.
❑ une doctrine économique.
❑ une doctrine plaçant le gouvernement de l'Église de France sous les ordres du roi.

2. Pour être obéi dans les provinces, le roi nomme :

❑ des intendants. ❑ des religieux. ❑ des gestionnaires.

3. La révolte des Bonnets rouges est :

❑ une émeute de protestants. ❑ une révolte fiscale.
❑ une guerre menée contre les Anglais.

4. Le mercantilisme, qui veut développer les exportations, a été créé par :

❑ Mazarin. ❑ Colbert. ❑ Louis XIV.

Les révolutions anglaises et leurs conséquences

La première révolution anglaise a eu lieu :

❑ de 1642 à 1648. ❑ de 1688 à 1689. ❑ de 1773 à 1776.

La naissance des États-Unis d'Amérique

La Constitution américaine de 1787 met en place :

❑ un État fédéral et républicain. ❑ un État centralisé.
❑ une monarchie limitée.

→ Corrigés p. 79

Les Lumières et le développement des sciences

12

Lue Relue Apprise

Les XVIIe et XVIIIe siècles voient naître un essor intellectuel et scientifique sans précédent. Les progrès de la raison et de la technique vont à jamais transformer l'Europe.

1 Les Lumières, le siècle de la raison

A Des idées nouvelles

- **Les Lumières rejettent la superstition** ainsi que les excès de la religion et **luttent pour la tolérance**. Elles s'opposent à l'**absolutisme** en défendant l'idée d'une monarchie soucieuse du respect des libertés et de la séparation des pouvoirs. On considère qu'elles portent en germe les idées de la **Révolution**, mais aussi de la **démocratie**.

lexique

Tolérance : fait d'accepter ce qui est différent de soi, notamment sur le plan religieux.

Absolutisme : régime politique dans lequel le roi détient tous les pouvoirs.

- Les penseurs des Lumières, appelés **philosophes**, veulent **« éclairer les hommes »** et **propager la connaissance**. Voltaire s'illustre par sa lutte contre la superstition et sa défense du modèle politique britannique. Denis Diderot et Jean-Jacques Rousseau vont même plus loin en affirmant la souveraineté du peuple.

B La diffusion de la connaissance

- **La connaissance se diffuse grâce à l'imprimerie**, qui permet de distribuer les ouvrages scientifiques à grande échelle. L'***Encyclopédie*** de Diderot et d'Alembert compile ainsi tout le savoir disponible à cette époque. Les meilleurs spécialistes y contribuent. Les techniques et les métiers sont à l'honneur dans l'ouvrage, avec des planches très détaillées.

lexique

Encyclopédie **:** grand dictionnaire rédigé sous la forme d'articles détaillés.

Académie : institution royale créée pour les sciences ou les arts.

- Les **académies**, les **salons** (voir p. 40) et les **cafés** s'imposent comme des **lieux de discussion et de débat**. Ce mouvement intellectuel touche d'abord les élites de l'Ancien Régime : la noblesse, la bourgeoisie et les habitants des villes.

C La physiocratie

- La **physiocratie** est un courant très important né en France dans les années 1750, dont le chef de file est **François Quesnay**.

lexique

Physiocratie : école de pensée qui met la nature (*physis* en grec) au centre de l'économie.

● Pour les physiocrates, **la nature et l'agriculture sont à l'origine des richesses**. Par conséquent, il faut supprimer toutes les barrières qui limitent la liberté de produire et de vendre. **Ce courant est un des fondements de la pensée économique en France.**

2 Une révolution scientifique

A Un nouvel esprit scientifique

● À partir du XVIIe siècle émerge une **nouvelle vision du monde**, basée sur l'expérience et les mathématiques, en rupture avec la tradition issue des textes antiques et religieux. Les **sciences**, favorisées par les souverains qui créent des académies, prennent alors leur envol dans une Europe en plein bouillonnement intellectuel.

> **Lexique**
> **Science** : connaissance fondée sur une méthode.

● **Galilée** est le premier à proposer une explication du monde fondée sur l'**observation** et les **mathématiques** (voir p. 37).

● **Newton** révolutionne la vision du monde avec la **théorie de la gravité**. Il est le premier à donner une explication de la chute des corps (la fameuse pomme qui tombe sur le sol), du mouvement des marées, mais aussi de celui des astres dans le ciel. Il faudra cependant plusieurs décennies pour que la théorie de la gravité soit comprise et diffusée (voir p. 38).

● **Les hommes de science multiplient les expériences**, comme Franklin qui invente le paratonnerre avec ses recherches sur la foudre, ou Lavoisier qui révèle l'existence du dioxyde de carbone en 1785.

B Une révolution technique

● Au XVIIIe siècle, les sciences s'organisent et l'intérêt pour les instruments et les **techniques** se confirme. La science est intimement liée au développement de nouveaux instruments d'observation et de mesure, comme la lunette astronomique de Galilée ou la pompe à air de Lavoisier.

> **Lexique**
> **Technique** : savoir-faire permettant la fabrication d'objets utiles à l'homme.
> **Pompe à feu** : machine qui s'active à partir d'une chaudière.

● En 1712, **Thomas Newcomen** (1664-1729) invente la **pompe à feu**, qui a pour but d'évacuer l'eau des mines. Elle permet de créer et multiplier l'énergie à partir du charbon et de la vapeur.

● Mais l'invention la plus déterminante est celle de la **machine à vapeur**. D'abord développée en France par Papin et Cugnot, elle va entraîner une révolution des transports et de la production avec le dépassement de la force animale et humaine. **C'est le début de la révolution industrielle.**

Tensions, mutations et crispations de la société d'ordres

13

Lue Relue Apprise

L'Ancien Régime est un système très complexe sur le plan politique et surtout social. Cette société d'ordres est fondée sur les inégalités et la hiérarchie liée à la naissance. Elle connaît cependant des tensions internes importantes.

1 Une société d'ordres et ses tensions

A Une société d'ordres et de privilèges

- Sous l'Ancien Régime, une personne se définit d'abord par l'appartenance à l'un des **trois ordres** de la société : la noblesse, le **clergé** et le tiers état.
- Les membres du clergé et de la noblesse sont dits **privilégiés** : ils ne paient pas d'impôts. Le privilège permet aussi aux nobles d'accéder à certains emplois réservés dans l'armée.
- La noblesse, **classe dominante**, est l'objet de toutes les **ambitions**, mais elle concentre aussi les **rancœurs** des membres du tiers état.

lexique

Ancien Régime : système politique et social antérieur à la Révolution.

Noblesse : ordre privilégié et groupe social dominant de l'Ancien Régime.

Tiers état : sous l'Ancien Régime, ordre regroupant les personnes qui vivent de leur travail.

B Les visages de la noblesse

- **La noblesse ne constitue que 1,5 % de la population française**, mais elle représente l'élite du pays. Elle bénéficie de grands domaines qui lui assurent des revenus importants. Les « gentilshommes » sont souvent seigneurs en leurs terres.
- Les membres de la noblesse n'ont théoriquement pas le droit de travailler, mais **ils exercent des fonctions importantes** dans l'Église (haut clergé), dans l'armée, dans les institutions du royaume ou au service du roi.
- **La noblesse est un ordre très hétérogène** : les membres de l'aristocratie titrée (duc, marquis...) côtoient une noblesse plus pauvre dans les campagnes.

lexique

Seigneur : maître et possesseur d'une terre.

Aristocratie : partie supérieure de la noblesse.

C Le monde paysan

- Sous l'Ancien Régime, **la France est essentiellement composée de paysans**. Leurs conditions de vie s'améliorent nettement dans la deuxième moitié du XVIIIe siècle.

- **C'est un milieu très hétérogène** : il y a de forts écarts entre le riche laboureur du bassin parisien et le simple journalier qui se fait embaucher à la journée.
- Le monde paysan est touché par une **série de révoltes** (voir p. 39).

2 Des mutations sociales importantes

A L'essor du monde urbain

- Au XVIIIe siècle, **les villes françaises prennent leur essor** grâce au développement du commerce et des fonctions de production (voir p. 40).
- La ville est un **lieu de rivalités** entre les deux élites : la **bourgeoisie** et la **noblesse**. La noblesse occupe de hauts postes dans les cours souveraines, comme le **Parlement**. Cependant, nobles et **bourgeois** fréquentent généralement les mêmes collèges et les mêmes salons, et sont souvent sensibles aux mêmes idées.

> **Lexique**
> **Parlement** : cour de justice de l'Ancien Régime.
> **Bourgeois** : personne qui tire sa richesse de son travail.

B L'affirmation de la bourgeoisie

- Au XVIIIe siècle, **la bourgeoisie est en pleine ascension sociale**. Très présente dans les professions juridiques (avocats, greffiers...), elle tente d'imiter le mode de vie de la noblesse.
- Les bourgeois supportent de plus en plus mal d'être **privés de privilèges** et **éloignés du pouvoir politique** alors qu'ils ont le pouvoir économique.
- **Leur ascension sociale est difficile.** Elle passe par l'**anoblissement**, qui se fait par la décision du roi ou par l'achat de charges et l'exercice de fonctions prestigieuses dans l'administration royale.

C Les femmes sous l'Ancien Régime

- Sous l'Ancien Régime, **les femmes souffrent d'une infériorité sociale et des préjugés de l'époque**. Elles sont vues comme d'éternelles mineures. Pourtant, beaucoup travaillent dans les champs (à la campagne) ou dans les boutiques (en ville).

> **Lexique**
> **Préjugé** : idée que l'on se fait avant même de la vérifier, idée reçue.

- Le sort des femmes de l'aristocratie et de la haute bourgeoisie est plus enviable. Cependant, **l'accès à de hautes fonctions dans les affaires, l'administration ou les académies leur est interdit**.
- Il existe néanmoins **quelques parcours de femmes très influentes** dans le monde de la Cour, des sciences ou des salons (voir p. 38).

Points de passage et d'ouverture : les Lumières et les sciences

14

Lue Relue Apprise

Galilée et Mme du Châtelet sont deux figures qui incarnent l'essor de l'esprit scientifique et sa difficile diffusion en Europe aux XVIIe et XVIIIe siècles.

1 Galilée, symbole de la rupture scientifique au XVIIe siècle

A Une nouvelle vision du monde

- Par ses observations, **Galilée** (1564-1662), physicien et astronome italien, confirme l'**héliocentrisme** proposé par Nicolas Copernic avant lui. Il s'oppose ainsi au **géocentrisme** défendu par l'Église.
- Sa méthode repose sur une observation du monde à l'aide de la **lunette astronomique** qu'il met au point. Elle lui permet de constater que le monde d'en haut n'est pas parfait, contrairement à ce qui est alors admis : le Soleil a des taches, la Lune a des montagnes et les satellites de Jupiter sont en mouvement. **Le monde céleste semble obéir aux mêmes lois que celui d'en bas.**

lexique

Héliocentrisme : théorie affirmant que le Soleil est au centre de l'Univers.

Géocentrisme : théorie affirmant que la Terre est au centre de l'Univers.

B La naissance de la méthode expérimentale

- **Galilée remet en question l'explication de la chute des corps** proposée par Aristote en mesurant l'accélération d'une boule sur un plan gradué et incliné.
- Il ose proposer une lecture contraire aux **Anciens** et à la Bible. **C'est la naissance de l'esprit scientifique et de la méthode expérimentale.**

lexique

Anciens : auteurs de l'Antiquité dont le plus réputé est Aristote.

C Un scientifique menacé et protégé

- En contestant le géocentrisme, **Galilée menace le message de l'Église**, qui place la Terre (et donc l'Homme) au centre de l'Univers. Il est alors convoqué à Rome par le tribunal de l'**Inquisition** en 1633. **Pour éviter le bûcher, il doit abjurer sa découverte**, c'est-à-dire y renoncer publiquement.
- Galilée travaille sous la protection de plusieurs **grands-ducs de Toscane**. Lors de son procès, il doit sa survie au **pape Urbain VIII**.

lexique

Inquisition : tribunal de l'Église catholique.

2 Madame du Châtelet, femme de sciences et héroïne des Lumières

A Une femme dans un monde d'hommes

- Fille d'aristocrates cultivés, **Émilie Le Tonnelier de Breteuil** (1706-1749) reçoit la même éducation que ses frères dans sa jeunesse : un **précepteur** lui enseigne les mathématiques et les langues, notamment l'anglais, l'allemand et le latin, qui est la langue des sciences.

lexique

Précepteur : professeur particulier des enfants de la bourgeoisie et de l'aristocratie.

- Mariée en 1725 avec le marquis du Châtelet, **elle accède aux plus hautes sphères**, notamment la Cour à Versailles, où elle se lie d'amitié avec les plus grands penseurs comme Voltaire ou Fontenelle.
- Bien que mariée, Mme du Châtelet conserve toute sa vie une grande liberté, mais **elle doit s'imposer dans un monde intellectuel réservé aux hommes** : elle est ainsi obligée de se déguiser en homme pour accéder au café Gradot, lieu de réflexion intense.

B Une femme de sciences

- Aristocrate française, femme de lettres et de sciences, Mme du Châtelet représente l'une des plus grandes **figures scientifiques** de son temps.
- Elle participe activement à la réception et à la **diffusion des idées de Newton** en France, et notamment de sa **théorie de la gravité**. Ces idées ne sont alors connues et comprises que par une infime minorité de gens. Elle rédige en 1745 une traduction de son livre, au départ rédigé en latin, et l'enrichit de commentaires tout en proposant une synthèse avec les autres théoriciens de son temps.

lexique

Théorie de la gravité : théorie de Newton qui explique la chute des corps et la rotation des astres.

C Une figure centrale des Lumières

- Si l'Histoire n'a retenu que des noms d'hommes lorsqu'on évoque les sciences et la philosophie des Lumières, réduisant souvent les femmes au rôle d'animatrices de **salons**, Mme du Châtelet représente pourtant une des plus grandes **figures de la connaissance** de son temps.
- Maîtresse et **protectrice de Voltaire**, cette femme hors du commun illustre à la perfection la figure des **« passeurs »** capables de **rendre des théories très complexes accessibles au plus grand nombre**, et ce notamment grâce à la révolution de l'imprimerie.

lexique

Salon : lieu de réunion qui se définit aussi par ses membres. D'abord littéraires, les salons deviennent plus philosophiques au XVIIIe siècle.

Points de passage et d'ouverture : la société d'ordres

15

Lue Relue Apprise

Aux XVIIe et XVIIIe siècles, la société française est soumise à des tensions sociales fortes tant dans les campagnes que dans les villes à cause des inégalités économiques et de la pression des impôts. Un essor économique et intellectuel touche cependant les villes et les ports.

1 La révolte des Va-nu-pieds et la condition paysanne

- Sous l'Ancien Régime, **les Français des campagnes représentent 4/5e de la population**, dont l'essentiel est composé de simples paysans. Un grand nombre de paysans sont propriétaires de leurs terres, mais des charges importantes pèsent sur eux. Ils ont du mal à supporter les droits féodaux et les nouveaux impôts décidés par la monarchie.
- **La révolte des Va-nu-pieds éclate en Normandie en 1639.** Les habitants de la région entrent en rébellion à cause de la mise en place par le roi d'une nouvelle taxe sur le sel pour financer la guerre. Il s'agit cependant d'une révolte fiscale plutôt que d'une vraie remise en cause de la monarchie.

lexique

Droits féodaux : droits du seigneur qui remontent au Moyen Âge (percevoir des taxes et exercer la justice).

Révolte : soulèvement qui ne débouche pas sur un changement majeur.

2 Riches et pauvres à Paris

- En 1789, **Paris compte 600 000 habitants**, ce qui en fait la plus grande ville d'Europe. Bien que le roi soit à Versailles, **Paris reste la capitale du royaume** et concentre les fonctions administratives, judiciaires et économiques.
- **La ville est un lieu de rivalités entre les bourgeois et les nobles.** La noblesse, qui est l'élite politique de l'Ancien Régime, occupe les hauts postes du régime. La bourgeoisie, en pleine ascension, occupe les fonctions marchandes et les professions juridiques. Elle gagne le pouvoir économique mais reste privée du pouvoir politique. Ces classes aisées vivent à l'ouest de la capitale.
- **La population de Paris est composée pour l'essentiel de petites gens** (artisans, domestiques, petits métiers ou même mendiants) qui vivent concentrés dans le centre et l'est de la capitale, et notamment dans les faubourgs Saint-Antoine et Saint-Marcel.

lexique

Élite : groupe social dominant dans une société.

Faubourg : quartier construit en dehors des murs.

3 Les salons au XVIIIe siècle

- **Les salons sont un haut lieu des Lumières** où le vent des idées nouvelles souffle et où les femmes s'illustrent avec un rôle central.
- Tout au long du XVIIIe siècle, et plus particulièrement au milieu du siècle sous le règne de Louis XV, **les dames de l'aristocratie reçoivent des hommes de pouvoir et de lettres, des scientifiques et des étrangers de passage** dans des cercles de discussion qui prennent très vite une orientation philosophique, voire politique.
- Parmi les salons les plus célèbres, on peut citer ceux de **Mme de Tencin**, de **Mme du Deffand**, de **Mme Geoffrin**, ou encore de **Mlle de Lespinasse**. Lieux de rencontre, ces salons voient se côtoyer toutes les élites éclairées, qu'elles soient aristocratiques ou bourgeoises.

4 Les ports français et le développement de l'économie de plantation et de la traite

- Dans l'ouest de la France, **les ports connaissent un essor spectaculaire au XVIIIe siècle**. Ils représentent l'un des trois pôles du commerce triangulaire et sont le point de départ de vastes expéditions. On y charge de la marchandise qui est échangée contre des esclaves en Afrique, qui sont eux-mêmes vendus dans les colonies des Antilles : c'est la **traite négrière**. Les esclaves servent de main-d'œuvre dans les plantations. Les navires rapportent enfin les produits coloniaux en métropole, qui sont alors vendus à prix d'or.
- **Les plus grands ports sont Nantes, Bordeaux puis La Rochelle**, mais également Le Havre en Normandie, ainsi que Lorient et Saint-Malo en Bretagne. Nantes domine le classement en organisant près de 43 % de ces expéditions.
- **La traite enrichit les ports et les armateurs**, qui profitent de la liberté de commerce instaurée au début du XVIIIe siècle par le pouvoir royal. Ils peuvent réinvestir leurs bénéfices dans l'achat de somptueux bâtiments en ville ou de terres, mais aussi investir dans une industrie naissante, comme les Say à Nantes avec les raffineries de sucre.

Lexique

Commerce triangulaire : commerce entre l'Europe, l'Afrique et l'Amérique.

Produits coloniaux : sucre, café, tabac ou indigo.

Armateur : propriétaire d'un bateau ou investisseur dans une expédition.

Dynamiques et ruptures

Révision EXPRESS

Les points essentiels

- **Les sociétés européennes connaissent de profondes transformations** intellectuelles, économiques, sociales et territoriales aux XVIIe et XVIIIe siècles.
- **Elles sont tout d'abord touchées par une révolution intellectuelle**, provoquée par les **Lumières** et associée à l'essor ainsi qu'à la diffusion de l'esprit scientifique. Une nouvelle explication du monde, basée sur les mathématiques et la rationalité, commence à transformer les esprits. Les philosophes, l'aventure de l'*Encyclopédie*, le monde des salons et les villes sont au cœur de cette mutation culturelle.
- Particulièrement important au XVIIIe siècle, **l'essor économique entraîne un mouvement d'urbanisation** très visible à Paris et dans les ports à l'ouest de la France. La **bourgeoisie**, nouvelle élite fondée sur l'argent, vient concurrencer l'ancienne noblesse. Le creusement des **inégalités économiques** en ville contribue à des tensions sociales importantes. Dans les campagnes, les paysans rejettent de plus en plus les impôts à travers des révoltes.
- **Toutes ces dynamiques font imploser les cadres de l'Ancien Régime.** L'autorité de l'Église et de la monarchie absolue est contestée. Mais c'est surtout la hiérarchie de la société, fondée sur les ordres et les privilèges, qui est rejetée.

Les dates-clés

1633	Procès de Galilée
1639	Révolte des Va-nu-pieds
1687	Publication des découvertes de Newton
1712	Thomas Newcomen construit sa « machine atmosphérique », considérée comme la première machine à vapeur
1740-1780	Âge d'or des salons philosophiques à Paris
1745	Traduction et commentaires de Newton par Mme du Châtelet
Années 1750	« Âge d'or » des traites négrières dans les ports français
1751	Parution du premier volume de l'*Encyclopédie*

Mémo'Quiz

Cochez la ou les bonne(s) réponse(s).

Les Lumières et le développement des sciences

1. L'éditeur de l'*Encyclopédie* est :

❏ Voltaire. ❏ Denis Diderot. ❏ Jean-Jacques Rousseau.

2. Les physiocrates sont :

❏ des penseurs des Lumières.
❏ les partisans de la monarchie absolue.
❏ des personnes qui affirment que la nature est le fondement de toute richesse.

3. Galilée est :

❏ un grand mathématicien italien.
❏ l'inventeur de la pompe à feu.
❏ l'homme qui a prouvé que la Terre est plate.
❏ l'homme qui a confirmé la théorie de l'héliocentrisme.

Tensions, mutations et crispations de la société d'ordres

1. De quelle année date la révolte des Va-nu-pieds ?

❏ 1639 ❏ 1645 ❏ 1789

2. Sous l'Ancien Régime, les nobles ne travaillent pas.

❏ Vrai ❏ Faux

3. À la fin du XVIIIe siècle, Paris compte :

❏ 200 000 habitants. ❏ 600 000 habitants.
❏ 2 millions d'habitants.

4. Mme du Châtelet a tenu le salon le plus connu de Paris au XVIIIe siècle.

❏ Vrai ❏ Faux

5. Le plus grand port négrier français au XVIIIe siècle est :

❏ La Rochelle. ❏ Nantes. ❏ Le Havre.

→ Corrigés p. 79

Les risques naturels et technologiques

16

Lue Relue Apprise

L'humanité occupe et transforme différents milieux, de façon de plus en plus intensive avec la croissance démographique. Ce faisant, elle accroît les risques de toutes natures : aujourd'hui, deux tiers de la population mondiale sont soumis à un risque.

1 La diversité des milieux habités par l'Homme

A Une humanité en forte croissance

- Depuis plus de deux siècles, **la population humaine est entrée dans une phase de transition démographique qui s'est accompagnée d'une forte croissance** : on dénombre 1 milliard d'êtres humains au début du XIXe siècle, 2 milliards à l'entrée du XXe siècle, et près de 8 milliards aujourd'hui.
- **Cette croissance a accéléré l'anthropisation des espaces** dans tous les milieux. S'il reste un lien entre la densité de population et les contraintes liées aux milieux (un milieu plus contraignant sera plus faiblement peuplé), **les capacités techniques ont permis de faire reculer les limites des espaces habitables**.

lexique

Transition démographique : passage d'un régime démographique traditionnel (forts taux de natalité et de mortalité) à un régime moderne (faibles taux de natalité et de mortalité).

Anthropisation : transformation de l'espace naturel par l'Homme.

B Des milieux diversement habités

- **Certains milieux possèdent de fortes contraintes pour la vie humaine** : espaces polaires, déserts où l'aridité est permanente, hautes montagnes... Ces milieux sont pourtant habités, même faiblement, avec des modes de vie adaptés où le nomadisme domine souvent.
- **D'autres milieux présentent plus de facilités et des densités plus fortes :** espaces au climat tempéré ou au climat tropical avec saison humide, littoraux, plaines... Ce sont souvent les milieux où a commencé la révolution agricole du Néolithique, début de l'anthropisation des espaces.

lexique

Nomadisme : mode de vie de populations sans habitat fixe, se déplaçant donc régulièrement.

2 Des sociétés face aux risques

A La multiplication des risques

- Plusieurs risques peuvent toucher les sociétés. Ces risques peuvent être causés ou aggravés par l'activité humaine, ou sans rapport avec celle-ci :

– les **aléas géologiques** (séismes, éruptions...) sont indépendants de l'activité humaine ;

– les **risques naturels**, surtout climatiques (tempêtes, cyclones, inondations, sécheresses...), peuvent en revanche être amplifiés par l'activité humaine ;

– enfin, les **risques anthropiques** (risques industriels, technologiques ou sanitaires, pollutions...) sont les conséquences directes de l'activité humaine et augmentent avec le niveau de développement.

● **L'exposition au risque peut être locale** (cyclone, éruption, accident...) **ou avoir une portée à l'échelle mondiale** : on parle alors de risque **systémique**. Sont par exemple classés parmi les risques systémiques l'éruption du Krakatoa en Indonésie qui a provoqué des hivers rigoureux en Europe à la fin du XIXe siècle, ou encore le nuage radioactif de la catastrophe de Tchernobyl qui a couvert l'Europe en 1986.

Lexique

Systémique : ensemble des éléments en interaction les uns avec les autres et leur environnement.

B Des sociétés et des espaces plus ou moins vulnérables

● **Les risques n'existent qu'à partir du moment où l'espace qui y est soumis est peuplé**. Ainsi, un séisme au milieu de l'Antarctique n'est pas un risque mais un événement naturel.

● **Toutes les sociétés ne sont pas également préparées aux risques**. Les pays développés connaissent des catastrophes de moindre ampleur en termes de morts et de dégâts matériels par rapport aux pays les plus pauvres. Le séisme de 2011 au Japon a fait dix fois moins de morts que celui, comparable en intensité, de Haïti l'année précédente. 90 % des victimes de catastrophes se situent dans les pays en développement du Sud.

C Se protéger des risques ?

● **La protection face aux risques nécessite une bonne connaissance de ceux-ci** (ne pas construire en zone inondable, par exemple), mais aussi des moyens techniques à mettre en œuvre pour se protéger (systèmes de surveillance et d'alerte, bâtiments adaptés, digues...).

● **Une protection totale face à tous risques semble illusoire**. Les sociétés cherchent plutôt à rendre leurs territoires flexibles ou **résilients**, quitte à détruire d'anciens aménagements ou à utiliser la nature pour laisser celle-ci se déployer (replantage d'arbres pour lutter contre la sécheresse, par exemple).

Lexique

Résilience : capacité d'adaptation d'un territoire.

Les ressources : eau et énergies

17

Lue Relue Apprise

L'humanité puise des ressources dans la nature pour satisfaire ses besoins et se développer. Ces ressources ne sont pas inépuisables et posent la question des modèles de développement ainsi que celle de la transformation des espaces.

1 L'eau, une ressource vitale

A Une ressource illimitée ?

- On surnomme la Terre la planète bleue : l'existence de la vie y est liée à la présence d'eau. Toutefois, 97 % de cette eau, salée, est contenue dans les océans. **Seule l'eau douce, soit les 3 % restants, est utile à l'humanité.** Or, une grande proportion de cette eau est piégée dans les glaces ou dans les eaux souterraines.
- **Les besoins en eau de l'humanité n'ont cessé de croître** à cause de la croissance démographique mais aussi du développement économique et technique, même si l'agriculture compte encore pour 70 % de la consommation d'eau.

B Des inégalités face à l'eau

- Le cycle de l'eau ne connaît pas la même intensité sur tout le globe et des milieux sont plus humides que d'autres. **La répartition de l'eau est inégale** : 10 pays (Brésil, République démocratique du Congo...) contrôlent 60 % de l'eau douce, tandis que les zones arides connaissent des situations de stress hydrique voire de pénurie.
- **Les inégalités sont liées au niveau de développement** et donc à la capacité à développer des techniques pour capter l'eau, allant du simple puits au barrage géant ou aux usines de dessalement de l'eau de mer du Moyen-Orient. Le gaspillage de l'eau amène à développer des techniques plus économes.

lexique

Cycle de l'eau : phénomène atmosphérique qui amène par évaporation l'eau des océans vers les continents.

Stress hydrique : disponibilité en eau faible, couvrant à peine les besoins.

C Des tensions liées à l'eau

- **À l'échelle locale, les conflits d'usage se multiplient**, par exemple entre les agriculteurs et les acteurs du tourisme au Maghreb. Les paysages peuvent être particulièrement transformés, voire dégradés (vallées ennoyées, terres érodées par l'irrigation intensive...).

lexique

Conflit d'usage : rivalité entre différents usagers pour l'utilisation d'une ressource.

● **À l'échelle régionale, le partage d'une même ressource en eau peut susciter des tensions.**

● **À l'échelle mondiale, la question du statut de l'eau est posée** : faut-il en faire un bien marchand pour mieux réguler ses usages et son approvisionnement ou un bien commun et gratuit, comme le propose l'ONU qui promeut un « **droit à l'eau** » ?

2 S'approvisionner en énergies

A Des besoins croissants

● **La consommation d'énergie s'accroît** sous l'effet de la croissance démographique, de l'urbanisation du monde et du développement économique et technologique, qui multiplie les usages.

● L'énergie est essentielle aux activités économiques (industries), aux déplacements et à la vie quotidienne des ménages. Les ressources utilisées s'appuient essentiellement (90 %) sur des **énergies fossiles, non renouvelables** : charbon, hydrocarbures, uranium.

Lexique

Hydrocarbures : pétrole et gaz naturel.

B Une source d'inégalités et de tensions

● **Toutes les sociétés n'ont pas accès aux mêmes sources d'énergie.** Beaucoup de ressources se trouvent dans les pays pauvres, qui n'ont pas pu les utiliser pour asseoir leur développement et les exportent. Les inégalités peuvent aussi se retrouver au sein d'une même société (un Français sur cinq est en situation de précarité énergétique).

● **Le contrôle des ressources est devenu un enjeu stratégique.** Le pétrole est considéré comme un des facteurs de conflits du Moyen-Orient.

C Vers une transition énergétique ?

● **L'exploitation des énergies fossiles contribue au réchauffement climatique** par le rejet de gaz à effet de serre (CO_2). Dans le cadre de l'ONU, les États se sont entendus pour limiter à 2 °C l'élévation des températures d'ici 2100.

● **Cela nécessite le développement de nouvelles sources d'énergie, renouvelables et « propres »** : hydroélectricité, éoliennes, énergie solaire... La transition énergétique passe aussi par l'échelle locale : engagement des métropoles, des individus dans leurs consommations et leurs déplacements.

Lexique

Hydroélectricité : énergie électrique produite en utilisant le fort débit des rivières.

● **La transition énergétique reste compliquée** : les inégalités de développement favorisent les pays du Nord alors que les pays du Sud peuvent y voir un frein à leur développement.

La France : des milieux entre valorisation et protection

18

Lue Relue Apprise

Par son étendue continentale comme mondiale, la France offre des milieux variés dont elle peut exploiter les potentiels pour diversifier ses activités, mais qu'elle doit aussi protéger.

1 Des milieux variés et valorisés

A Les atouts du territoire français

- **L'étendue du territoire français lui permet de disposer de milieux variés**, aussi bien à l'échelle continentale que mondiale. La France couvre les milieux tempérés des plaines et des plateaux océaniques et continentaux, mais aussi les milieux méditerranéens et montagnards.
- Plusieurs fleuves forment des bassins qui irriguent le territoire, tandis que **des littoraux ouvrent la France sur le monde** par l'océan Atlantique, la Manche et la mer Méditerranée.
- **Outre-mer, la France dispose dans tous les océans de territoires essentiellement tropicaux et insulaires**, bien qu'il existe quelques exceptions comme la Guyane, qui est un morceau de l'Amazonie, ou Saint-Pierre-et-Miquelon, qui est sous influence polaire. Ces possessions héritées de la colonisation lui permettent de contrôler la **2e ZEE mondiale**.

lexique

ZEE (zone économique exclusive) : espace maritime possédé par un État au large de ses côtes et dont il peut exploiter les ressources.

B Des milieux aménagés

- **Cette diversité donne à la France des potentialités en termes d'activités économiques** : commerce international par ses ports, pêche et autres ressources liées à la ZEE, potentiel en énergie éolienne, diversité des terres et cultures agricoles, diversité du tourisme...
- **Les aménagements ont transformé de longue date les milieux naturels**, qui ont pratiquement disparu du sol français : même l'Amazonie guyanaise et le glacier du Mont-Blanc sont soumis à l'anthropisation.
- **Les activités rurales ont formé des paysages qui s'intègrent aux identités régionales** : les bassins miniers aujourd'hui abandonnés ont soutenu l'industrialisation et l'urbanisation, les axes de communication suivent les vallées et sont connectés aux réseaux européens et mondiaux, y compris par des tunnels (sous le Mont-Blanc, sous la Manche...), les littoraux et les montagnes se sont couverts de stations touristiques au cours du XXe siècle.

2 La protection des milieux

A Des espaces soumis aux risques

- **Le territoire français est lui aussi soumis aux risques.** Les risques naturels sont réels, aussi bien outre-mer (cyclones, volcanisme, séismes...) qu'en métropole (tempêtes, inondations, avalanches...). La tempête Xynthia a ainsi fait 50 morts en Vendée en 2010.
- **Ces risques naturels ont parfois pu être aggravés par les aménagements humains** (artificialisation des sols ou implantations accentuant les inondations). Les effets du réchauffement climatique accentuent également ces risques naturels. Par ailleurs, l'étalement urbain grignote les espaces ruraux, agricoles et forestiers.
- **Le haut niveau de développement s'est accompagné de risques anthropiques** : accidents industriels (comme l'incendie de l'usine Lubrizol en Normandie en 2019) dans des espaces de forte densité urbaine, mortalité routière...

B Des efforts de protection

- **Les aménagements doivent tenir compte de ces facteurs pour s'inscrire dans une logique de développement durable**, protectrice de l'environnement mais aussi des habitants.
- **En France, l'État a été un des premiers acteurs de cette politique de protection** : création de parcs nationaux dès les années 1960, du Conservatoire du littoral en 1975... La législation crée des contraintes environnementales que doivent respecter aussi bien les entreprises que les collectivités territoriales (régions, départements, communes). Grâce à la politique de **décentralisation**, ces dernières sont habilitées à mener aussi des actions en matière d'environnement : parcs naturels régionaux (54 parcs en 2019), **Agendas 21** communaux, etc.
- **Une politique environnementale est également menée à l'échelle de l'UE** à travers le réseau **Natura 2000**, qui couvre 13 % du territoire français.

Lexique

Décentralisation : politique menée depuis 1982 pour déléguer une partie des pouvoirs de l'État vers les collectivités territoriales.

Agenda 21 : calendrier d'actions pour le XXIe siècle en matière de développement durable, initié par le sommet de la Terre à Rio en 1992.

Natura 2000 : réseau de plus de 27 000 sites naturels et de biodiversité à protéger, identifiés par l'UE.

Études de cas : sociétés et environnements

19

Lue Relue Apprise

1 L'Arctique, un nouvel eldorado ?

A Un milieu contraignant et fragile

- **L'Arctique correspond à l'espace centré sur le pôle Nord.** Marqué par le froid polaire et la **banquise** de l'océan glacial, cet espace est bordé par les littoraux septentrionaux de l'Amérique et de l'Eurasie, dominés par le **permafrost**.
- **Les densités humaines y sont très faibles.** Sa flore est pauvre mais sa faune est abondante et spécifique, regroupant des espèces qui se sont adaptées au froid mais qui sont aujourd'hui menacées.
- **Cet espace subit des transformations et des dégradations accélérées.** Elles peuvent être dues aux pollutions locales, mais elles s'expliquent aussi par des interactions à échelle mondiale : le réchauffement climatique y est plus rapide qu'ailleurs, la banquise ne cesse de reculer et la fonte de l'**inlandsis** alimente la montée du niveau des océans.

Lexique

Banquise : eau de mer gelée.

Permafrost : sol gelé en permanence dans les régions polaires.

Inlandsis : calotte de glace qui couvre une terre émergée.

B Un espace convoité

- **L'espace arctique dispose de ressources qui attirent les convoitises :** des réserves d'hydrocarbures (dans un contexte de marché pétrolier tendu), des minerais, des zones de pêche... Les États riverains se disputent la délimitation de l'espace maritime.
- Au large du Canada et de la Russie, **le recul de la banquise ouvre de nouvelles routes maritimes** entre les pôles de puissance de la mondialisation. Ces routes sont plus courtes que celles empruntées actuellement, ce qui permettrait une connexion de cet espace au réseau mondial. Cependant, cela créerait également de nouveaux risques anthropiques.

2 Los Angeles et le réchauffement climatique

A Une ville qui participe au réchauffement

- **Mégapole** de 18 millions d'habitants située en Californie et s'étalant dans un rayon de plus de 100 km, **Los Angeles est l'une des villes les plus polluées au monde**.
- Les températures y ont augmenté de 5 °C en un siècle et on compte 300 jours de **smog** par an.

Lexique

Mégapole : très grande ville.

Smog (contraction de *smoke* et *fog*) **:** brouillard dû à la pollution.

B Une ville qui subit le réchauffement

- **Les épisodes de sécheresse se succèdent à Los Angeles**, le climat devenant de plus en plus aride. Des incendies ravageurs, parfois mortels, menacent régulièrement les quartiers de la ville, aussi bien aisés que périphériques, à proximité de la forêt. Les restrictions d'eau sont régulières en période de sécheresse, bien que la ville soit une très grande consommatrice d'eau.
- **Face au réchauffement climatique, les politiques municipales sont limitées.** L'omniprésence de la voiture, dans une ville aussi vaste et dans la culture américaine, rend difficile la réorganisation des modes de déplacement.

3 Les Alpes françaises, valorisées mais vulnérables

A Des contraintes transformées en richesse

- Pentes, froid et neige ont rendu répulsives les montagnes. **C'est un espace fragmenté, isolé, traditionnellement de faible densité.**
- Toutefois, à partir de la fin du XIXe siècle, **certaines de ces contraintes ont été transformées en atouts dans les Alpes**, avec le développement d'une petite industrie grâce à l'hydroélectricité et la construction de stations de sports d'hiver.
- **Les aménagements restent cependant complexes** (notamment pour les réseaux de communication) et doivent tenir compte des risques spécifiques (avalanches, torrents...).

B Un espace à protéger

- **Les densités alpines sont relativement fortes**, en particulier au nord (Grenoble est la 11e ville de France), et l'espace est devenu attractif. Cela s'accompagne de **pollutions** importantes (le tunnel du Mont-Blanc en particulier) et les **conflits d'usage** sont fréquents entre résidents et usagers extérieurs (routiers, touristes...).
- **Le réchauffement climatique frappe durement cet espace** avec une hausse deux fois plus forte des températures, **condamnant les stations de moyenne altitude à la fermeture ou à la reconversion**. De nombreux parcs naturels nationaux couvrent les massifs et maintiennent une dynamique touristique.

Sociétés et environnements : des équilibres fragiles

Révision EXPRESS

Les points essentiels

- **La forte croissance démographique que connaît l'humanité depuis plus de deux siècles a accentué la transformation des milieux naturels** pour satisfaire ses besoins. Cette forte anthropisation a aussi accentué les **risques naturels** (cyclones, séismes...) et **anthropiques** (accidents industriels). La protection des espaces aménagés face aux risques ne peut être totale et nécessite plutôt de les prévenir et de s'adapter.
- **Les milieux naturels sont aussi exploités pour leurs ressources.** À ce titre, l'**eau**, abondante à la surface de la Terre mais mal répartie, et les **énergies** sont indispensables à la survie et au développement de l'humanité. La croissance démographique met en tension ces ressources, qui deviennent des enjeux géopolitiques à toutes les échelles. Elles sont au cœur des réflexions sur le développement durable.
- **La France présente une grande diversité de milieux** (climats, reliefs, sols, littoraux...) qu'elle a aménagés et valorisés pour en exploiter les potentiels : agriculture diversifiée, différentes formes de tourisme, réseaux de transports à échelle nationale et internationale, vaste ZEE... **Le territoire français est cependant soumis aux risques et aux dégradations environnementales**, qui obligent à penser ces aménagements dans le cadre du développement durable intégrant une meilleure protection de l'environnement et des habitants.

Les chiffres-clés

- L'eau douce disponible ne représente que **3 % de l'eau** présente sur Terre.
- **60 % des ressources en eau** sont concentrées par **10 pays** des zones tempérées et intertropicales.
- **90 % des victimes de risques** se situent dans les pays pauvres.
- L'Amazonie absorbe **15 % du CO_2** émis.
- La hauteur moyenne de neige dans les Alpes a chuté de **1,20 m à 0,5 m** depuis 1950.
- La France possède la **2e ZEE** au monde avec **10 millions de km²**.
- Il existe **10 parcs nationaux** en France.
- **100 000 hectares du littoral français** appartiennent au Conservatoire du littoral.

Mémo'Quiz

Vrai ou faux ? Cochez la bonne réponse.

Les risques naturels et technologiques

1. La croissance démographique de l'humanité s'est accélérée depuis la fin du XVIIIe siècle.

❑ Vrai ❑ Faux

2. Les déserts et l'espace polaire sont par définition inhabités.

❑ Vrai ❑ Faux

3. Les risques naturels sont augmentés par l'activité humaine.

❑ Vrai ❑ Faux

4. Tout événement naturel (séisme, volcanisme…) est un risque.

❑ Vrai ❑ Faux

Les ressources : eau et énergies

1. Les inégalités dans l'accès à l'eau sont dues aux différences de développement.

❑ Vrai ❑ Faux

2. 90 % de l'énergie est fournie par des énergies renouvelables.

❑ Vrai ❑ Faux

La France : des milieux entre valorisation et protection

1. L'étendue du territoire français lui offre des milieux variés.

❑ Vrai ❑ Faux

2. La France est protégée des risques naturels.

❑ Vrai ❑ Faux

→ Corrigés p. 79

Des trajectoires démographiques différenciées 20

Lue Relue Apprise

La croissance démographique, moins forte qu'au siècle passé, s'est intensifiée dans les régions du monde les moins développées, accentuant ainsi les inégalités de peuplement à toutes les échelles.

1 Une population mondiale toujours plus nombreuse

A Une croissance démographique désormais moins rapide

- Au XXe siècle, **la population mondiale est passée de 1,6 à 6 milliards d'habitants**, pour atteindre **7,6 milliards en 2019**. Elle poursuit actuellement sa croissance à un rythme moins soutenu (1 % par an).
- Le cap des 8 milliards d'êtres humains sera théoriquement dépassé dès 2025, celui des **10 milliards vers 2050**.

B L'impact de la transition démographique

- **La transition démographique est responsable de la croissance de la population mondiale.** En effet, la diminution de la mortalité (progrès médicaux et alimentaires, meilleures conditions d'hygiène...) précède en général la diminution de la fécondité.
- Achevé de longue date dans les pays du Nord, ce processus est encore à l'œuvre dans les pays en voie de développement. L'accroissement naturel y demeure à un niveau élevé, ce qui entraîne une **forte augmentation de la population**.

lexique

Transition démographique : passage d'une situation où la fécondité et la mortalité sont élevées et s'équilibrent à peu près à une situation où elles sont plus faibles et s'équilibrent également.

2 Des situations et des évolutions démographiques contrastées

A L'Asie et l'Afrique, des foyers de peuplement qui s'affirment

- **L'Asie est le continent le plus peuplé de la planète** (4,5 milliards d'habitants). C'est également celui qui enregistre l'augmentation la plus forte de sa population (42 millions par an).
- **Le nombre d'habitants progresse de plus en plus rapidement en Afrique.** 12 États de ce continent figurent dans le classement des vingt

plus fortes croissances absolues. Leur **trajectoire démographique** est liée au maintien d'une fécondité élevée qui s'établit à 5,9 enfants par femme en Afrique centrale, soit plus du double de la moyenne mondiale.

Lexique

Trajectoire démographique : évolution dans le temps et dans l'espace des caractéristiques d'une population.

B L'essoufflement démographique du Nord

- **La croissance de la population européenne est très limitée** (1 million par an). La fécondité se situe à un niveau inférieur au **seuil de remplacement des générations**.
- **Le vieillissement de la population s'accentue dans l'ensemble des pays industrialisés** sous l'effet conjugué d'une faible natalité et de l'allongement de l'espérance de vie. Il engendre une diminution progressive du nombre d'habitants.

Lexique

Seuil de remplacement des générations : niveau de fécondité nécessaire au maintien d'une population donnée.

3 Faire face aux défis du nombre et du vieillissement

A Trajectoires et politiques démographiques

- 43 pays ont une fécondité supérieure à 4 enfants par femme. Les moins avancés n'ont pas la possibilité d'appliquer une **politique antinataliste** efficace.
- **En Inde, la promotion de la contraception et l'essor de la planification familiale ont réduit la fécondité à 2,3 enfants par femme.** Les progrès en matière de scolarisation et l'amélioration de l'offre de soins ont contribué au succès de cette politique.
- En 2015, affolée par le vieillissement de sa population, **la Chine a mis fin à la politique de l'enfant unique** adoptée en 1979. De nombreux couples rechignent à avoir un second enfant en raison de l'envol des prix de l'immobilier et du coût de l'éducation.

Lexique

Politique antinataliste : mesures destinées à maîtriser la trajectoire démographique d'un État.

B Les enjeux du vieillissement de la population

- Les pays industrialisés comptent en moyenne **18 % de plus de 65 ans**, soit le double de la moyenne mondiale. Ce taux atteint même 28 % au Japon et 23 % en Italie.
- **Ce processus affecte peu à peu les pays en voie de développement.** La part des plus de 65 ans devrait y quadrupler avant la fin du XXIe siècle.
- **La rapidité du vieillissement est un défi supplémentaire pour le Sud.** Les systèmes de retraite et de protection sociale y sont en effet encore assez peu performants.

Développement et inégalités 21

Lue Relue Apprise

Démographie et développement s'inscrivent dans une relation dynamique : le poids et la structure de la population ont une influence sur la croissance économique et sociale, et inversement.

1 Un monde inégalement développé

A Le développement : des sociétés en transition

- **Le développement constitue une transition majeure dans l'histoire des sociétés.** Il repose sur le passage d'une économie agricole et d'une société majoritairement rurale où la pauvreté est généralisée à une économie de services et à une société urbaine où la pauvreté devient minoritaire.

lexique

Développement : amélioration des conditions et de la qualité de vie d'une population donnée. On peut l'assimiler à la notion de progrès.

- **Les trajectoires de développement des États ne sont ni homogènes ni linéaires.** Elles dépendent de leurs choix stratégiques et de la conjoncture internationale. Elles peuvent être affectées par des conflits, des épidémies, des catastrophes naturelles.

B Mesurer les inégalités de développement et leur évolution

- **L'indicateur de développement humain (IDH) associe trois critères pour évaluer le niveau de développement d'une société :** vivre une vie longue et en bonne santé, pouvoir acquérir des connaissances et jouir d'un niveau de vie décent.
- Selon les Nations unies, **sa valeur a augmenté de plus de 20 % dans le monde de 1990 à 2017**. Mais l'écart entre l'IDH le plus élevé et l'IDH le plus faible ne se réduit pas : un Norvégien vit toujours en moyenne 22 ans de plus qu'un Nigérian.

2 Des écarts qui se creusent

A À l'échelle mondiale

- **Les inégalités ont augmenté partout sur la planète au fil des dernières décennies.** La fortune des milliardaires a progressé de 2,5 milliards de dollars par jour en 2018, tandis que la richesse de la moitié la plus pauvre de l'humanité reculait de 11 %.

- Ce processus entraîne l'impossibilité d'accéder à l'école pour plus de 260 millions d'enfants dans le monde et le décès de 10 000 personnes par jour faute de soins.

B À l'échelle régionale ou locale

- **L'aggravation des inégalités est également perceptible d'un continent ou d'un État à un autre**. Si le revenu médian des pays émergents progresse de manière spectaculaire, celui des Chinois ou des Indiens les plus pauvres augmente moins vite que la moyenne et beaucoup moins que celui des plus riches.

> **lexique**
> Revenu médian : valeur du revenu séparant une population en deux moitiés égales (l'une ayant un revenu inférieur à cette valeur, l'autre un revenu supérieur).

- **L'Afrique subsaharienne s'est encore appauvrie par rapport aux autres régions du monde**. Un habitant sur trois n'y a pas accès à une source d'eau améliorée ; deux sur trois ne disposent pas d'un réseau électrique fiable.

3 Pourquoi et comment réduire les inégalités ?

A Les inégalités, obstacles au développement

- **Dans les pays les moins avancés (PMA), l'ampleur et l'aggravation des inégalités ont un impact dévastateur**. Les perspectives de développement sont entravées par les multiples handicaps qu'elles induisent : faible espérance de vie, vulnérabilité économique, insuffisances des systèmes éducatif et sanitaire, etc.

> **lexique**
> PMA : ensemble des 47 pays les plus pauvres de la planète qui bénéficient d'un soutien commercial, technique ou financier de la communauté internationale.

- En outre, des maladies plus présentes, une motivation au travail moins importante et de violentes crises politiques caractérisent les sociétés les plus inégalitaires.

B Le développement durable, une perspective d'espoir

- **Investir dans l'éducation** pour que chacun puisse trouver sa place, **redistribuer les richesses** par des mesures sociales et fiscales en faveur des plus modestes, **préserver l'environnement** sont de puissants leviers de développement.
- **Le nombre d'êtres humains vivant sous le seuil de pauvreté a d'ores et déjà diminué d'un milliard de personnes en 30 ans**. Mais pour permettre un développement durable et équitable de plus grande envergure, encore faudrait-il que les institutions internationales et les États adoptent sans délai les mesures adéquates.

Dynamiques démographiques et inégalités socio-économiques en France 22

Lue Relue Apprise

La population française vieillit. Si la richesse du pays augmente, les trajectoires démographiques se différencient et les inégalités socio-économiques s'aggravent dans et entre les régions.

1 Une double spécificité démographique

A Une population qui croît faiblement…

- **En 2019, la France compte près de 67 millions d'habitants, dont 2,1 millions en outre-mer.** La population augmente peu et principalement du fait de l'accroissement naturel, qui se situe pourtant à un niveau historiquement bas.
- **La fécondité est en recul.** Avec près de 1,9 enfant par femme, le pays reste l'un des plus féconds en Europe, mais **le renouvellement des générations n'est plus assuré**.

B …et qui vieillit de manière continue

- **La gérontocroissance s'accentue : un Français sur cinq a 65 ans ou plus**, soit une part plus importante que la population des moins de 15 ans.
- L'affirmation de la « **France ridée** » est liée au vieillissement des générations issues du baby-boom, à l'augmentation de l'espérance de vie et à la baisse de la fécondité.

Lexique

Gérontocroissance : augmentation significative du nombre ou de la part des personnes âgées dans une population donnée.

2 La France, pays « inégalitaire » ?

A Des écarts de richesse réels

- Globalement, **le revenu moyen des Français continue à augmenter :** 32 900 euros par habitant en 2018, contre 31 400 euros en 2007.
- **Mais 14 % des Français vivent avec moins de 60 % du revenu médian.** La pauvreté touche ainsi 700 000 habitants de plus qu'en 2000, compte tenu de la croissance démographique du pays.

B Des inégalités de patrimoine particulièrement fortes

- **Les inégalités de patrimoine entre les Français continuent de se creuser.** Entre 1998 et 2015, il n'a quasiment pas évolué pour les plus modestes, alors qu'il a progressé de 530 000 euros pour les plus favorisés.
- **82 % des Français de cette catégorie sont propriétaires de leur résidence principale, contre 56 % pour les autres.** Ils possèdent au total 74 % du patrimoine national.

3 Des territoires « en transition »

A Des espaces dynamiques...

- **La population française est très inégalement répartie.** La région capitale, les littoraux et les vallées fluviales sont densément peuplés.
- L'arc qui s'étend de la Bretagne à l'Alsace, en incluant les marges méridionales du pays, attire de plus en plus de Français. La concentration des richesses et des fonctions de commandement renforce le **rayonnement des métropoles régionales**.

B ...et d'autres qui le sont moins

- **Parallèlement, la perte de vitalité de la « diagonale du vide » s'accentue.** Le chômage, la fermeture des commerces et la vacance des logements plongent de nombreuses villes, petites et moyennes, dans une crise profonde.
- Dans ces territoires marginalisés, les effets de la dépopulation et de la paupérisation se conjuguent. Ils accentuent la **fragmentation de l'espace français**.

lexique

Fragmentation : morcellement territorial lié à l'aggravation des inégalités.

4 Aménager le territoire pour atténuer les contrastes

A Des initiatives nationales...

- **En France, des mécanismes budgétaires et sociaux assurent une redistribution massive des revenus entre individus et territoires.** Le principe de cohésion sociale, base de toute politique d'aménagement du territoire, repose sur ce transfert de richesse.
- **Toutes les dépenses de l'État ont un impact social et territorial**, mais les priorités sont difficiles à établir dans un contexte de rigueur budgétaire.

B ...et européennes

- **L'Union européenne (UE) intervient également pour réduire les inégalités socio-spatiales au sein des États membres.** Les fonds structurels qu'elle mobilise visent notamment à renforcer la cohésion du territoire métropolitain.
- **Mais l'UE agit aussi pour limiter le poids de l'isolement, de l'enclavement et de l'éloignement des territoires d'outre-mer.** Depuis 1992, le statut de « régions ultrapériphériques » leur permet de bénéficier d'aides spécifiques.

Études de cas : territoire, développement, population

23

Lue Relue Apprise

1 Développement et inégalités au Brésil

A Un État entre extrême richesse et extrême pauvreté

- **Le Brésil est un pays de contrastes.** Les inégalités y sont comparables à celles de la France du XIXe siècle.
- **Les inégalités territoriales et sociales sont très marquées.** Elles opposent notamment le sud au nord du pays, mais sont tout aussi nettes à l'échelle locale. La population noire et métisse (plus de 50 % des Brésiliens) gagne près de moitié moins que la population blanche.

B Quelles perspectives de développement ?

- **Une période d'incertitude s'est ouverte en 2019** avec l'arrivée au pouvoir d'un président d'extrême droite. Dans un climat économique défavorable, les marges de manœuvre de l'État pour réduire les inégalités sont limitées.
- **L'immensité du territoire, l'abondance des ressources agricoles et l'indépendance énergétique sont autant d'atouts** qui peuvent permettre au Brésil de renouer avec une trajectoire de développement ascendante.

2 Les modalités du développement en Inde

A L'Inde, une puissance en construction

- **L'Union indienne deviendra le pays le plus peuplé de la planète vers 2024.** Avec 1,37 milliard d'habitants aujourd'hui, elle est à peine devancée par la Chine (1,39 milliard d'habitants).
- **Le volume du produit intérieur brut (PIB) est plus élevé que celui de la France.** Mais le PIB par habitant y est 20 fois moins important. La pauvreté d'une majorité d'habitants et l'ampleur des inégalités maintiennent le pays dans une situation de transition, celle de **pays émergent**.
- **La moitié de la population indienne a moins de 25 ans.** Pour maîtriser sa croissance démographique, l'Inde déploie depuis longtemps une politique antinataliste.

B De nouvelles inégalités sociales et spatiales

- **L'essor économique de l'Inde repose surtout sur son ouverture internationale.** Les investissements étrangers et la diminution des droits de douane favorisent le développement de nombreux secteurs d'activités.
- **Seules quelques régions bénéficient de l'intégration aux échanges mondiaux**. Ailleurs, **les difficultés socio-économiques s'accentuent**.

3 Développement et inégalités en Russie

A Trois décennies de mutations profondes

- **La Russie est une puissance économique intermédiaire.** Son PIB la classe au 10e rang mondial, loin derrière les États-Unis ou la France.
- La disparition du bloc soviétique s'est accompagnée d'une multitude de réformes. Elles ont entrainé une **dégradation des conditions de vie** de la majorité de la population et le **déclin démographique** du pays.

B L'un des pays les plus inégalitaires au monde

- **La paupérisation des Russes s'accentue.** Le nombre de personnes vivant sous le seuil de pauvreté a augmenté de 15 % en 2 ans, tandis que 10 % des Russes les plus aisés détiennent plus de 80 % de la richesse du pays.
- **Les inégalités entre et à l'intérieur des régions russes sont particulièrement fortes.** Les territoires ruraux, situés à l'écart des métropoles et des principaux gisements énergétiques du pays, cumulent pauvreté et faiblesse des infrastructures.

Lexique

Paupérisation : phénomène d'appauvrissement progressif d'une population ou de certaines de ses catégories.

4 Les enjeux du vieillissement au Japon

A Le pays le plus « âgé » du monde

- **Aujourd'hui, sur 127 millions de Japonais, 35 millions ont plus de 65 ans.** Une vie plus longue qu'ailleurs, un niveau de fécondité très modeste et une politique migratoire restrictive expliquent l'ampleur du vieillissement du pays.
- La dépopulation du Japon pourrait **réduire le nombre d'habitants à 88 millions dans 50 ans**.

B Les défis du vieillissement

- L'État multiplie les initiatives pour adapter les logements, les espaces publics et les technologies aux besoins des personnes âgées afin d'**améliorer leur qualité de vie**.
- **Mais le système social japonais représente déjà le tiers des dépenses nationales.** La question du paiement des retraites devient de plus en plus sensible. Le vieillissement remet en cause l'**avenir géopolitique** du pays et pèse sur les **capacités d'innovation** de la société japonaise.

Territoire, développement, population : quels défis ?

Révision EXPRESS

Les points essentiels

- **Si la croissance démographique est moins forte qu'au siècle passé, elle s'est intensifiée dans certaines régions du monde**, souvent les moins développées, accentuant les inégalités économiques et sociales à toutes les échelles. La fin annoncée de la **transition démographique** va diffuser le processus de **vieillissement de la population** dans le monde, bien au-delà des pays industrialisés.

- **La croissance économique est très variable dans et entre les États du monde.** Les **inégalités de développement** s'en trouvent amplifiées à toutes les échelles. Les inégalités entre individus et entre territoires sont des obstacles au développement. Mais un **développement durable et équitable** est possible si les mesures économiques, sociales et environnementales nécessaires sont rapidement adoptées.

- La population française augmente à un rythme modéré. **Les Français vieillissent de plus en plus rapidement.** La trajectoire démographique du pays n'a pas vraiment d'effet sur l'évolution globale des inégalités socio-économiques. Les **disparités** entre régions dynamiques et régions en difficulté s'aggravent et concourent à la **fragmentation** du territoire.

Les chiffres-clés

- La Terre compte plus de **7,6 milliards d'habitants**. On estime qu'il y aura **10 milliards d'êtres humains en 2050**.

- Le Brésil est un « champion des inégalités » : **1 % des plus riches détient 55 % du revenu national**. La crise de 2015 a infléchi la trajectoire de développement du pays, entraînant une forte hausse du chômage et du nombre de personnes pauvres.

- L'Inde est la **6e puissance économique mondiale**. Sa croissance se poursuit à un rythme soutenu, mais les contrastes entre territoires et entre individus s'aggravent.

- En Russie, **le nombre de personnes pauvres a augmenté de 15 % en 2 ans.** C'est l'un des pays les plus inégalitaires du monde.

- Au Japon, près de **30 % de la population a 65 ans ou plus**. Ce « record mondial » oblige l'État et la société à affronter de nombreux défis pour assurer l'avenir du pays.

Mémo'Quiz

Cochez la bonne réponse.

Des trajectoires démographiques différenciées

1. Combien d'habitants l'Asie compte-t-elle ?

❏ 2,2 milliards ❏ 3,7 milliards ❏ 4,5 milliards

2. À partir de quelle année la Chine a-t-elle appliqué la politique dite de « l'enfant unique », à laquelle elle a renoncé en 2015 ?

❏ 1979 ❏ 1989 ❏ 1999

Développement et inégalités

1. Lequel de ces domaines n'est pas pris en considération dans le calcul de l'indicateur de développement humain (IDH) ?

❏ La santé ❏ L'éducation ❏ L'urbanisation

2. Quelle est la part approximative de la population africaine qui n'a pas accès à une source d'eau améliorée ?

❏ Un habitant sur deux ❏ Un habitant sur trois
❏ Un habitant sur quatre

Dynamiques démographiques et inégalités socio-économiques en France

1. Quelle est, en nombre d'enfants par femme, la valeur de l'indice de fécondité en France ?

❏ 1,9 ❏ 2,3 ❏ 5,9

2. Depuis quand les territoires d'outre-mer de l'UE bénéficient-ils du statut de « régions ultrapériphériques » ?

❏ 1957 ❏ 1992 ❏ 2005

→ Corrigés p. 80

Les migrations internationales 24

Lue Relue Apprise

Plus de 250 millions de personnes dans le monde ont migré, c'est-à-dire ont quitté leur pays d'origine. Ce phénomène connaît plusieurs origines et est souvent révélateur des inégalités spatiales de la planète.

1 L'exemple du bassin migratoire méditerranéen

A Bien définir les termes

- En géographie, tout déplacement dans l'espace est qualifié de **mobilité**. Une **migration** concerne un déplacement de plus ou moins longues distance et durée, impliquant une installation dans un autre espace.
- Ce mouvement est qualifié d'**émigration** quand il s'agit de désigner le départ d'un pays, d'**immigration** quand on parle de l'arrivée dans un autre pays.
- Un **bassin migratoire** désigne un espace où s'effectuent ces déplacements migratoires.

B La Méditerranée, un des principaux bassins migratoires

- Depuis l'Antiquité, la Méditerranée a connu de nombreux mouvements migratoires. Aujourd'hui, ces mouvements sont essentiellement des migrations liées au **différentiel économique** entre une rive Sud moins développée et une rive Nord aux IDH élevés.
- Toutefois, **la rive Sud est aussi devenue une étape** depuis des origines plus lointaines (Afrique subsaharienne, Asie). **L'Europe surveille étroitement les points de passage** (détroits comme Gibraltar, îles grecques) pour contrôler les flux migratoires. Il existe près de **350 centres de rétention et de tri des migrants** sur le sol européen. Par ailleurs, la question des migrants a engendré une véritable crise politique au sein de l'Union européenne, les pays se divisant sur la façon de traiter ces flux, entre accueil et fermeture.
- **La Méditerranée est également une destination touristique majeure**, les flux étant internes au Nord (vers les rives de l'Espagne, la France, l'Italie), mais aussi en direction du Sud (Tunisie, Turquie...), moins cher. Le tourisme méditerranéen est donc aussi symptomatique des inégalités Nord/Sud. Par ailleurs, **ces flux ont des effets spatiaux** : aménagements des espaces touristiques qui engendrent des transformations voire des dégradations des paysages et de l'environnement, conflits d'usage pour l'espace...

2 À l'échelle du monde

A Migrations liées aux situations économiques

- La mondialisation permet la **libre circulation** sur la planète des marchandises mais aussi, partiellement (avec plus de contrôles), des personnes. Les **flux aériens** portent des touristes, mais aussi des hommes d'affaires, des scientifiques en congrès, des expatriés partis travailler pour quelques années à l'étranger, etc.
- Mais la plupart du temps, **l'émigration est liée à une situation contrainte**, en particulier la recherche de meilleures conditions de vie. Les migrants ne sont pas nécessairement les plus pauvres (nécessité d'un petit capital pour partir, le phénomène suscitant aussi des trafics de passeurs illégaux).
- **Les pays du Nord et quelques pays dynamiques du Sud** (pays pétroliers, pays émergents) **sont les principaux foyers d'immigration.** Les politiques d'accueil (plus ou moins d'ouverture, sélection) diffèrent selon les besoins. L'Amérique du Nord essaye de contrôler les flux par des quotas d'accueil mais tend aussi à se fermer (États-Unis de Donald Trump). Les pays du Golfe organisent l'immigration depuis le reste du monde musulman pour travailler sur les champs de pétrole ou les chantiers de construction (Dubaï).

B Le cas des réfugiés

- **Un autre type d'émigration contrainte est lié aux questions géopolitiques** : fuite d'une dictature, d'une guerre. Cela concerne 25 millions de migrants, qui trouvent refuge majoritairement dans les pays voisins. L'ONU, par le biais du **HCR**, intervient pour aider ces **réfugiés**. Actuellement, les principaux flux de réfugiés proviennent de pays en conflits (Syrie, Somalie, Afghanistan...) ou de dictatures (Érythrée).
- Enfin, on parle de plus en plus des **réfugiés climatiques**, victimes des conséquences du réchauffement planétaire. Si le flux est surtout interne aux pays, il peut aussi devenir international. Les organisations mondiales (Banque mondiale, ONU) estiment que, d'ici 2050, entre **140 et 250 millions** de personnes pourraient être amenées à quitter leurs pays pour des raisons liées au réchauffement climatique.

Lexique

HCR : Haut Commissariat des Nations unies pour les réfugiés. Agence de l'ONU créée en 1945.

Réfugié : personne fuyant son pays pour chercher refuge dans un autre, même temporairement.

Diverses mobilités à l'échelle internationale

25

Lue Relue Apprise

La mondialisation par l'ouverture des frontières et la modernisation des réseaux de transports a suscité des flux de plus en plus nombreux et variés.

1 Les mobilités intereuropéennes

A L'espace Schengen

- En 1985, les membres de la Communauté européenne signent les accords de Schengen. Mis en application à partir de 1995, ils ont pour but de **faciliter le déplacement des personnes**.
- Aujourd'hui, **26 pays ont ouvert leurs frontières**, dont 22 de l'UE – certains membres comme le Royaume-Uni et l'Irlande ayant refusé. Si ces accords facilitent les échanges culturels et le tourisme, ils concernent aussi des millions de travailleurs.

B Un marché du travail européen ?

- Chaque année, environ 4 millions de personnes immigrent dans un pays membre de l'UE, la moitié venant d'un autre pays de l'UE. Au total, **20 millions d'Européens vivent dans un autre pays membre de l'UE que celui où ils sont nés**.
- **Cette libre circulation crée toutefois des débats** liés aux différences de salaires et de protection sociale entre les pays européens. L'entrée dans l'UE des pays d'Europe centrale avait fait craindre un afflux massif de travailleurs.
- La mise à l'écart de l'espace Schengen de pays comme la Roumanie et la Bulgarie, souvent justifiée ainsi, est surtout liée à leur faible capacité à gérer la **frontière extérieure créée aussi par les accords Schengen**.

C Un programme pour l'éducation : Erasmus+

- Nommé ainsi en hommage à l'humaniste Érasme, **Erasmus+ regroupe plusieurs anciens programmes ouverts aux jeunes** (de 13 à 30 ans) et à leurs enseignants, du primaire au supérieur en passant par la formation, et incluant la jeunesse et les sports. **Il leur permet de séjourner et étudier ailleurs en Europe.**
- Chaque année, le financement de ce programme dépasse les 2 milliards d'euros. **Depuis 1987, plus de 5 millions d'étudiants et d'enseignants en ont bénéficié.**

Lexique

Erasmus+ : EuRopean Action Scheme for the Mobility of University Students.

2 Les mobilités touristiques

A Plus d'un milliard de touristes internationaux

- Le **tourisme international** désigne les touristes qui partent séjourner dans un autre pays, à distinguer du **tourisme interne**. Par exemple, les 800 millions de touristes qui parcourent l'Inde chaque année sont à 95 % des Indiens ! **Le tourisme international a triplé ces trente dernières années**, passant de 0,4 à 1,3 milliard de personnes.
- **On peut distinguer différentes formes de tourisme** : le tourisme peut être **récréatif** (stations balnéaires des littoraux ensoleillés et des mers tempérées ou chaudes, stations de ski, parcs d'attraction) ou **patrimonial** (villes et sites historiques, mémoriels, parcs et sites naturels, notamment ceux classés au patrimoine mondial de l'**Unesco**).

Lexique

Unesco : Organisation des Nations unies pour l'éducation, la science et la culture, créée en 1945. Organisme de l'ONU actif dans le domaine de la culture.

B Vers un rééquilibrage Nord/Sud ?

- **Les flux sont massivement internes aux pays du Nord** (entre l'Europe, l'Amérique du Nord et le Japon).
- **Le Sud commence à émerger comme destination**, parfois depuis plusieurs décennies (Afrique du Nord, Kenya, Thaïlande, Caraïbes) ou bien plus récemment (Dubaï, Chine), grâce à des coûts plus compétitifs, transport compris.
- **Le Sud est aussi un espace émettant des touristes**, provenant essentiellement des pays émergents (Chine) ou pétroliers (péninsule arabique).

C Une activité nécessitant des infrastructures

- **Le tourisme international s'appuie sur différents réseaux de transports mondialisés.** Le réseau aérien est le plus emprunté à l'échelle mondiale, mais les réseaux terrestres (routiers, ferroviaires) sont aussi utilisés, auxquels on peut également ajouter le cas des croisières maritimes.
- L'afflux de touristes demande des **aménagements nombreux** (hôtels, espaces de loisirs...) pouvant parfois bouleverser les sociétés locales, qui peuvent se sentir « dépossédées » de leur espace. Des **conflits d'usage**, pour l'espace ou la ressource en eau, peuvent avoir lieu entre les habitants (par exemple, les agriculteurs) et les entreprises, locales ou étrangères, qui cherchent à développer le tourisme.

La France : mobilités et réseaux

26

Lue Relue Apprise

Pays développé, la France se caractérise par une grande intensité et une grande diversité des mobilités sur son territoire à toutes les échelles, ce qui demande un aménagement permanent des réseaux de communication.

1 Des mobilités variées

A Des mobilités quotidiennes

- **40 km chaque jour** : c'est la moyenne des déplacements entre le domicile et le lieu de travail d'un Français. À ces déplacements, on peut ajouter des **mobilités sociales** (loisirs, activités associatives...), les courses, etc.
- Pour ce type de mobilité, on parle de **migrations pendulaires**, liées à l'étalement urbain mais aussi aux faibles densités rurales. Pour les **navetteurs**, ces mobilités peuvent se faire d'une région à l'autre, voire à l'échelle de la France.
- **Les mobilités révèlent des inégalités socio-économiques** selon les revenus, les professions, les âges, l'espace d'habitat... Par exemple, la dépendance aux transports est plus forte dans les zones rurales et péri-urbaines qu'en centre-ville, espace mieux connecté aux réseaux.

lexique

Migration pendulaire : aller-retour quotidien, en général entre le domicile et le lieu de travail.

Navetteur : personne effectuant un déplacement domicile/lieu de travail sur une longue distance, souvent en train.

B Des mobilités sur l'ensemble du territoire

- **Un Français sur dix déménage chaque année**, essentiellement dans la même aire résidentielle, parfois à travers la France.
- **Le tourisme offre une forme de mobilité saisonnière** qui s'étale sur toute l'année. 90 % des Français partant en vacances restent en France. Les principales destinations sont les stations balnéaires l'été et les stations de ski l'hiver. Par ailleurs, le tourisme patrimonial (villes, parcs naturels) est en croissance.
- **Ces mobilités révèlent des dynamiques régionales diverses.** Les régions du sud et de l'ouest sont les plus attractives (on parle d'**héliotropisme**), tant par leur dynamisme économique et leurs emplois que leur potentiel touristique. À l'inverse, les régions du nord et de l'est perdent de la population.

lexique

Héliotropisme : attractivité des régions ensoleillées.

- **L'aire urbaine parisienne connaît un double mouvement massif** d'arrivées (étudiants, jeunes travailleurs) et de départs (familles, retraités). **Paris reste la ville la plus visitée** (12 millions de touristes internationaux).

2 Réseaux et aménagements

A Un territoire mis en réseaux

- **Le territoire français est sillonné de réseaux de communication.** Le **réseau routier** est l'un des plus denses au monde. Le **réseau ferroviaire**, qui facilite l'interconnexion des métropoles grâce au TGV, est également beaucoup emprunté. En revanche, le **réseau fluvial**, canaux compris, est moins utilisé.
- **La modernisation de ces réseaux** (autoroutes, TGV) **peut susciter des inégalités** : abandon de lignes ferroviaires dans les zones rurales de très faible densité, importance de Paris dans des réseaux en étoile qui commencent à se diversifier, comme pour les autoroutes...
- **Les réseaux français sont très bien connectés à l'extérieur**, que ce soit l'UE (la France est un **carrefour européen**) ou le monde, par la prolongation des réseaux terrestres mais aussi par les aéroports et les ports. Ces derniers sont essentiels pour les territoires ultramarins qui souffrent de l'éloignement, étant situés à plusieurs milliers de kilomètres de la métropole.

B Les mobilités, facteurs d'aménagements locaux

- **Les réseaux suscitent des aménagements**, que ce soit sur leurs axes ou leurs nœuds (**plates-formes multimodales**). Ceux-ci permettent parfois de **dynamiser** des quartiers (Euralille, Lyon Part-Dieu), mais suscitent aussi des débats et des **conflits d'usage** (tracé d'un TGV, aménagement d'un aéroport). La création d'un aéroport dans la commune de Notre-Dame-des-Landes a ainsi rencontré une très forte opposition, se soldant par l'abandon définitif du projet en 2018.

Lexique

Plate-forme multimodale : espace connectant différents réseaux de transports entre eux (gare, aéroport...).

- **L'enjeu du développement durable concerne aussi la question des mobilités.** La prédominance du véhicule routier (plus de 80 %) dans les transports en France, hommes et marchandises compris, est difficilement contrebalancée par le développement de transports collectifs et moins polluants (redéveloppement du tramway en ville ou encore développement des déplacements en deux-roues, par exemple).

Études de cas : les mobilités

27

Lue Relue Apprise

1 Les États-Unis, pôle du tourisme mondial

A Un espace visité

- **Les États-Unis accueillent environ 75 millions de touristes internationaux** (2016), provenant pour les deux tiers des pays voisins, le Canada et le Mexique. Le reste vient essentiellement d'autres pays du Nord (Europe, Royaume-Uni en tête, Asie développée), même si là aussi le Sud émerge (Chine, Brésil).
- **Il ne faut pas négliger le tourisme interne**. Cependant, le tourisme compte pour moins de 3 % du PIB américain.

B Diversité des espaces touristiques

- Les premiers sites touristiques se sont appuyés sur l'imaginaire de la conquête de l'Ouest par le biais de **parcs naturels** (Yellowstone dès 1872, le Grand Canyon...).
- Le climat des littoraux sud (Floride, Californie) et d'Hawaï a permis le développement du **tourisme balnéaire**, présent aussi au nord-est. Les Rocheuses disposent de **stations de sports d'hiver**. Miami est devenu le **premier port de croisières mondial**. Le tourisme récréatif est particulièrement développé, avec les **parcs d'attractions** (Disney World à Orlando) ou les **villes de jeux** (Las Vegas).
- Le **tourisme urbain**, même sans grand patrimoine historique, témoigne de l'attraction des métropoles américaines (New York, Los Angeles, San Francisco...) servant de modèles à travers le monde.

2 Dubaï, pôle touristique et migratoire mondial

A Dubaï, symbole de la mondialisation

- Sur le littoral des Émirats arabes unis, **Dubaï a connu en 30 ans une croissance et une mutation spectaculaires**. Située à proximité de routes maritimes fréquentées, la ville a exploité ses atouts, d'abord son port puis son climat ensoleillé.
- De gigantesques chantiers, financés par le pétrole, transforment cet espace (îles artificielles, plus haute tour du monde) qui essaye de construire et de vendre son image de **métropole du XXIe siècle**.

B Un espace d'immigration

- Ces chantiers ont nécessité l'emploi d'une **main-d'œuvre immigrée, provenant en grande partie du monde arabo-musulman** (Pakistan, Yémen, etc.). Ces flux existaient déjà, mais à destination des exploitations pétrolières. Dubaï compte aujourd'hui plus de 2 millions d'habitants, dont **plus de 80 % d'immigrés** !
- **Les conditions de travail et de résidence des travailleurs non-qualifiés sont régulièrement dénoncées par les ONG** : passeports retenus, horaires et salaires proches de l'exploitation, pas de droits syndicaux...

lexique

ONG : organisation non gouvernementale.
Les ONG sont comparables aux associations en France.

C Un espace touristique majeur

- **Dubaï est devenu un hub dans le réseau aéroportuaire mondial** (près de 90 millions de passagers), grâce à la compagnie Emirates.
- Une partie de ces flux est liée aux **activités touristiques** (hôtels haut de gamme et plages, shopping de luxe, golfs et pistes de ski...). Elles attirent un public occidental et les classes aisées des pays proches (golfe Persique, Iran, Inde...), soit **16 millions de touristes en 2017**.
- C'est dans la perspective de renforcer cette image de pôle attractif que Dubaï a obtenu l'organisation de l'**Exposition universelle de 2020**, pour laquelle 25 millions de visiteurs sont attendus !

lexique

Hub : nœud dans les réseaux de communication, redistribuant les flux.

Doc. **Dubaï, une métropole dans la mondialisation**

Les mobilités

Révision EXPRESS

Les points essentiels

- **Les migrations internationales sont des déplacements** sur de plus ou moins longues distance et durée **qui impliquent une installation dans un autre pays (immigration)**. Majoritairement contraintes, **elles sont surtout liées à la recherche de meilleures conditions de vie**, d'abord pour des raisons économiques mais aussi géopolitiques.
- **Les mobilités concernent tout déplacement dans l'espace**, qu'il soit quotidien (**migration pendulaire**) ou ponctuel (déménagement, voyage d'affaires...). Le **tourisme** fait partie de ces mobilités, qui peuvent être internes à un pays mais concernent chaque année plus d'un milliard de personnes à l'échelle internationale.
- **Les inégalités de développement peuvent transparaître dans les migrations** (attractivité des pays riches du Nord) **ou dans les mobilités** (régions plus dynamiques que d'autres).
- Enfin, **migrations et mobilités favorisent le développement de réseaux de transports**, en perpétuelle évolution pour satisfaire les besoins et s'adapter à la mondialisation (réseaux aérien, maritime, fluvial, routier, ferroviaire...).

Les chiffres-clés

- En 2017, on compte **250 millions de migrants** (soit 3 % de la population mondiale), dont **25 millions de réfugiés** ayant fui leur pays.
- **20 millions d'Européens** habitent dans un autre pays de l'UE que leur pays d'origine.
- En 30 ans, **plus de 5 millions d'étudiants et d'enseignants** ont bénéficié du programme Erasmus+.
- La population de Dubaï compte **80 % d'émigrés.**
- On dénombre **1,3 milliard de touristes internationaux** en 2017. Les États-Unis occupent la 1re place en termes de chiffre d'affaires touristique (**205 milliards de dollars** en 2017), mais la France est la 1re destination touristique (**90 millions de touristes** en 2018).
- En France, la moyenne des déplacements entre le domicile et le lieu de travail est de **40 km par jour**.

Mémo'Quiz

Vrai ou faux ? Cochez la bonne réponse.

Les migrations internationales

1. Les migrations de travail viennent majoritairement des pays du Sud de la planète.

❏ Vrai ❏ Faux

2. Les réfugiés fuyant des guerres viennent majoritairement en Europe ou en Amérique du Nord.

❏ Vrai ❏ Faux

3. La Méditerranée connaît des flux migratoires nombreux et variés.

❏ Vrai ❏ Faux

Diverses mobilités à l'échelle internationale

1. L'espace Schengen permet une ouverture totale des frontières extérieures.

❏ Vrai ❏ Faux

2. Le programme Erasmus+ n'est destiné qu'aux étudiants.

❏ Vrai ❏ Faux

La France : mobilités et réseaux

1. Chaque année, un Français sur dix déménage.

❏ Vrai ❏ Faux

2. Les mobilités en France empruntent de façon équilibrée différents réseaux.

❏ Vrai ❏ Faux

3. La France est le premier pays touristique mondial.

❏ Vrai ❏ Faux

→ Corrigés p. 80

L'Afrique australe : transition et développement

28

Lue Relue Apprise

L'Afrique australe couvre un immense territoire au sud du continent africain. On peut considérer que cet espace est composé de dix pays : l'Afrique du Sud, l'Angola, le Botswana, l'Eswatini, le Lesotho, le Malawi, le Mozambique, la Namibie, la Zambie et le Zimbabwe.

1 Un espace hétérogène intégré à la mondialisation

A L'importance des ressources minières

- L'unité de cet ensemble régional repose sur des profils économiques assez semblables : il s'agit de pays aux **ressources naturelles minières très importantes**, ce qui génère une économie de rente extravertie.
- **Cette « Afrique minière » concentre parmi les plus importants gisements** d'or et de platine (Afrique du Sud et Zimbabwe), de diamants (Botswana, Angola, Afrique du Sud et Lesotho), de cuivre (Namibie et Zambie), d'uranium et de charbon (Afrique du Sud et Mozambique), d'hydrocarbures (Angola et Mozambique)...

lexique

Économie de rente : économie fondée sur l'exploitation d'une ressource.

Économie extravertie : économie tournée vers l'extérieur.

B Une inégale intégration à la mondialisation

- Près de 20 ans après la fin du régime de l'apartheid, **l'Afrique du Sud fait figure de modèle de développement sur le continent africain**. Détentrice du 33e PIB mondial, elle est le seul pays émergent de l'Afrique et produit 15 % de la richesse du continent.
- Les **différences économiques** et l'**inégale intégration à la mondialisation** sont très marquées en Afrique australe :

– les **petits pays**, comme le Lesotho et l'Eswatini, se distinguent par leur **faible PIB** et sont encore largement agricoles. Le Lesotho, le Malawi et le Mozambique ont un **IDH faible** et sont classés par l'ONU parmi les **PMA** (pays les moins avancés) ;

– les États **de plus grande superficie** parviennent plus facilement à s'insérer dans la **mondialisation.** C'est notamment le cas de l'Angola grâce à ses ressources en pétrole. Ces pays bénéficient d'**investissements massifs** de la part des pays émergents, la Chine en tête mais aussi le Brésil.

lexique

Apartheid : système politique et économique de l'Afrique du Sud de 1948 à 1991, fondé sur une ségrégation (séparation) raciale et spatiale.

C Des milieux à valoriser et à ménager

- **L'Afrique est le continent le plus touché par le réchauffement climatique.** L'Afrique australe est particulièrement vulnérable à la sécheresse, qui déplace les zones de végétation et diminue les récoltes, avec des conséquences dramatiques sur les populations comme sur la faune.
- Les économies de la région reposent en grande partie sur les **ressources naturelles**, dont l'exploitation génère de nombreuses **pollutions irréversibles**.

2 Un espace en transition

A La transition démographique et les défis sanitaires

- À l'image du continent tout entier, la **démographie** de l'Afrique australe offre une image très **contrastée** :
– certains pays ont terminé leur transition démographique et affichent un indice de fécondité **bas** en 2018, comme l'Afrique du Sud (2,29) ou le Lesotho (2,63) ;
– d'autres pays affichent parmi les **plus forts taux de fécondité au monde**, comme l'Angola (6,16).

lexique

Indice de fécondité : nombre moyen d'enfants par femme en âge de procréer.

Pandémie : épidémie couvrant un espace vaste.

- **La mortalité infantile reste forte** dans certains pays de l'Afrique australe comme l'Angola (83 ‰ en 2017), même si elle régresse fortement.
- **Les progrès dans la lutte contre les grandes** pandémies comme le paludisme, **ceux de l'hygiène et le recul du sida** (même si l'Afrique australe est la région la plus touchée au monde) **contribuent à renforcer la croissance démographique**.

B La transition urbaine

- **L'Afrique est le continent le moins urbanisé** (43 % de la population africaine vit aujourd'hui en ville), mais c'est aussi celui qui s'urbanise le plus vite.
- En Afrique australe, **les pays les plus urbanisés** que sont l'Afrique du Sud et l'Angola (65 % d'urbains environ) **contrastent avec les petits pays ruraux** comme le Malawi, le Lesotho ou l'Eswatini.
- **L'Afrique australe opère sa transition urbaine**, c'est-à-dire que les populations migrent massivement vers les villes, mais surtout qu'elles en adoptent le fonctionnement et le modèle d'organisation.

L'Afrique australe : des mobilités complexes

29

Lue Relue Apprise

Plus que toute autre région du continent, l'Afrique australe connaît des mobilités complexes du fait de sa meilleure intégration à la mondialisation.

1 Des mobilités croissantes

A Des mobilités régionales

- **L'Afrique australe est à elle seule un système migratoire** puisque le différentiel économique génère des flux nombreux entre les pays pauvres et les plus riches (Doc.).
- La croissance démographique et le développement économique de certains pays de la zone, notamment l'Afrique du Sud, jouent le rôle d'aimant pour des populations africaines pauvres ou fuyant des zones de combat. **Aux migrants économiques s'ajoutent donc des réfugiés et des demandeurs d'asile.** Les migrants clandestins sont aussi très nombreux.

B Des mobilités internationales

- **En 2017, l'Afrique australe accueillait 4 millions de migrants internationaux.** L'Afrique du Sud et l'Angola peuvent être des pays d'immigration, mais aussi de transit avant un exil plus lointain, en Europe notamment.
- **Ces migrations internationales renforcent le poids des métropoles locales**, qui concentrent les populations immigrées de la région, mais aussi les **diasporas** chinoises et indiennes.
- Par le biais des remises et des transferts de fonds, ces migrations permettent d'évoquer un moteur du développement : le **« développement par l'exil »**.

lexique

Diaspora : dispersion d'une communauté à travers le monde.

2 Le tourisme, une activité ancienne qui se renforce

A Un potentiel exceptionnel

- **Le potentiel touristique de l'Afrique australe est immense.** Certains de ses sites, comme le delta de l'Okavango, les chutes Victoria ou le désert du Namib, sont mondialement connus. La richesse de sa faune a très tôt attiré les chasseurs, les amoureux des animaux et les amateurs de **safaris**.

lexique

Safari : à l'origine, expédition de chasse aux gros animaux sauvages organisée en Afrique subsaharienne. Aujourd'hui, expédition organisée pour observer et photographier ces gros mammifères.

- Forte de ses paysages et de sa faune, **l'Afrique du Sud est le pays le plus visité** : elle a développé très tôt son potentiel et a créé des réserves protégées (on compte à ce jour 18 parcs nationaux et plus de 300 réserves naturelles), consciente des enjeux à sauvegarder les espèces menacées.
- Ainsi, les **parcs** et **réserves naturelles** permettant des safaris se développent en Afrique du Sud, Zimbabwe, Botswana et Mozambique, tandis que la Namibie se spécialise dans le **tourisme d'aventure**. Plus en retrait dans l'activité touristique, l'Angola commence cependant à valoriser son potentiel.

B Des recettes touristiques non négligeables

- **Les touristes viennent essentiellement d'Europe et d'Amérique du Nord**, même si on observe aujourd'hui de plus en plus de touristes africains, en lien avec l'émergence d'une classe moyenne aisée.
- **Cette manne touristique** (plus de 10 millions de touristes en Afrique du Sud en 2017) **est un levier de développement pour les économies locales.** Aujourd'hui, les projets d'**écotourisme** sont privilégiés.
- Cependant, **le manque d'infrastructures et l'insécurité ralentissent cet élan touristique.** De plus, l'activité touristique entraîne souvent la dégradation de l'environnement et de l'habitat de certains peuples.

Lexique

Écotourisme : tourisme fondé sur la découverte de la nature et des cultures locales dans le respect de l'environnement.

Doc. Des migrations d'abord régionales

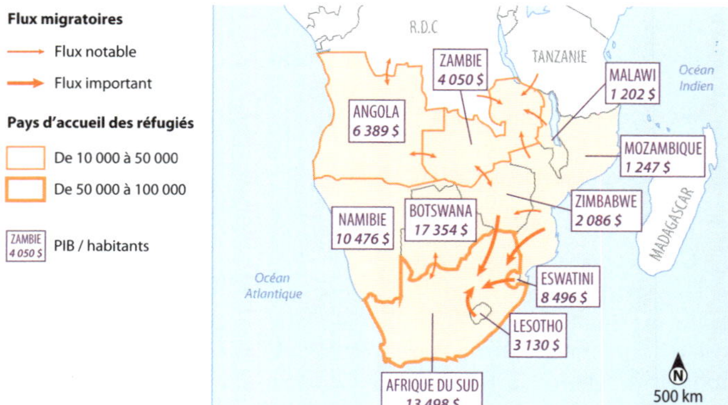

Source : Banque mondiale, 2017.

L'Afrique australe

Révision EXPRESS

Les points essentiels

- **L'Afrique australe désigne la région située au sud du continent africain.** On considère le plus souvent qu'elle regroupe dix pays : l'Afrique du Sud, l'Angola, le Botswana, l'Eswatini, le Lesotho, le Malawi, le Mozambique, la Namibie, la Zambie et le Zimbabwe.
- L'Afrique australe est l'une des régions du monde les plus riches en or, diamants, platine, cuivre... **On la surnomme l'« Afrique minière ».**
- **L'intégration dans la mondialisation est très inégale en Afrique australe.** L'Afrique du Sud est le seul pays émergent de la région. À l'opposé, le Lesotho, le Malawi et le Mozambique sont classés parmi les PMA.
- **L'Afrique australe est particulièrement sensible au réchauffement climatique** et l'exploitation de ses nombreuses ressources naturelles se fait souvent au détriment de l'environnement.
- **L'Afrique australe présente un visage très contrasté sur le plan démographique** : certains pays ont terminé leur transition démographique (Afrique du Sud, Lesotho) alors que d'autres affichent des indices de fécondité parmi les plus hauts du monde (Angola).
- **La transition démographique s'accompagne d'une transition urbaine** : l'Afrique australe se couvre de mégapoles peuplées d'une nouvelle classe moyenne.
- Du fait de sa position géographique et de son intégration à la mondialisation, **l'Afrique australe est à la fois terre d'émigration** (vers l'Europe notamment) **et d'immigration** (des pays voisins).
- **Aux mobilités économiques s'ajoutent des mobilités touristiques**, ce qui dégage des revenus non négligeables.

Les chiffres-clés

- Les dix pays de l'Afrique australe sont peuplés par plus de **173 millions d'habitants** en 2018.
- L'Angola, l'Afrique du Sud et le Botswana font partie des **5 producteurs de diamants** les plus importants du monde.
- En 2017, l'Afrique australe a accueilli plus de **4 millions de migrants internationaux**.
- On compte plus de **20 millions de touristes** en Afrique australe en 2018.

Mémo'Quiz

Cochez la bonne réponse.

L'Afrique australe : transition et développement

1. L'Afrique australe correspond à la région située à l'est de l'Afrique.

❑ Vrai ❑ Faux

2. L'Afrique du Sud est le pays d'Afrique australe le mieux intégré à la mondialisation.

❑ Vrai ❑ Faux

3. L'Afrique australe connaît des problèmes environnementaux et elle est très touchée par la pollution.

❑ Vrai ❑ Faux

4. L'Afrique australe est la région du monde la plus touchée par le virus du sida.

❑ Vrai ❑ Faux

5. Le taux d'urbanisation de l'Afrique est de :

❑ 43 %. ❑ 55 %. ❑ 78 %.

L'Afrique australe : des mobilités complexes

1. Les principales ressources de l'Afrique australe sont :

❑ les ressources minières, l'agriculture et la pêche.

❑ l'agriculture, le tourisme et la pêche.

❑ les ressources minières et le tourisme.

2. L'Afrique australe est une région :

❑ d'émigration uniquement.

❑ d'immigration uniquement.

❑ d'émigration et d'immigration.

→ Corrigés p. 80

p. 14

La Méditerranée antique : l'empreinte grecque **1.** Vrai. **2.** Faux. Elle est dirigée par Athènes contre les Perses.

La Méditerranée antique : l'empreinte romaine **1.** Faux. Il a bien pris soin de ne pas se faire proclamer roi. **2.** Faux. Il est celui qui les arrête et permet la tolérance religieuse. **3.** Vrai.

La Méditerranée médiévale : un espace de contacts **1.** Faux. C'est l'héritier de l'Empire romain d'Orient. **2.** Vrai. **3.** Vrai.

p. 22

Les Grandes Découvertes et leurs conséquences **1.** Faux. Ce sont les Portugais. **2.** Vrai. **3.** Faux. C'est l'inverse qui se produit. **4.** Faux. Ce sont plutôt les produits agricoles.

Renaissance, humanisme et réformes religieuses **1.** Vrai et faux. Certains membres de l'Église soutiennent les humanistes par le mécénat, mais certaines idées humanistes sont rejetées par l'Église. **2.** Vrai. **3.** Faux. La foi est davantage mise en valeur que les actes. **4.** Vrai.

p. 32

L'affirmation de l'État en France **1.** une doctrine plaçant le gouvernement de l'Église de France sous les ordres du roi. **2.** des intendants. **3.** une révolte fiscale. **4.** Colbert.

Les révolutions anglaises et leurs conséquences de 1642 à 1648.

La naissance des États-Unis d'Amérique un État fédéral et républicain.

p. 42

Les Lumières et le développement des sciences **1.** Denis Diderot. **2.** des penseurs des Lumières et des personnes qui affirment que la nature est le fondement de toute richesse. **3.** un grand mathématicien italien et l'homme qui a confirmé la théorie de l'héliocentrisme.

Tensions, mutations et crispations de la société d'ordres **1.** 1639. **2.** Faux. Même s'ils n'ont théoriquement pas le droit de travailler, ils exercent souvent des fonctions importantes dans l'Église, l'armée ou les institutions du royaume. **3.** 600 000 habitants. **4.** Faux. Les salons de Mme de Tencin, Mme du Deffand, Mme Geoffrin et Mlle de Lespinasse sont les plus célèbres. **5.** Nantes.

p. 52

Les risques naturels et technologiques **1.** Vrai. **2.** Faux. Ces milieux sont habités, bien qu'ils présentent une densité de population très faible. **3.** Vrai. **4.** Faux. Un événement naturel ne représente un risque que lorsque l'espace qui y est soumis est peuplé.

Les ressources : eau et énergies **1.** Vrai et faux. Il existe aussi des inégalités naturelles, liées au cycle de l'eau. **2.** Faux. C'est l'inverse : 90 % de l'énergie est fournie par des énergies fossiles, non renouvelables.

La France : des milieux entre valorisation et protection **1.** Vrai. **2.** Faux. La France est soumise à des risques naturels comme les tempêtes, les inondations, les séismes ou les avalanches.

Corrigés

p. 62

Des trajectoires démographiques différenciées **1.** 4,5 milliards. **2.** 1979.
Développement et inégalités **1.** L'urbanisation. **2.** Un habitant sur trois.
Dynamiques démographiques et inégalités socio-économiques en France **1.** 1,9. **2.** 1992.

p. 72

Les migrations internationales **1.** Vrai. **2.** Faux. Ils trouvent principalement refuge dans les pays voisins. **3.** Vrai.
Diverses mobilités à l'échelle internationale **1.** Faux. L'espace Schengen propose une politique de gestion et de renforcement des contrôles aux frontières extérieures. **2.** Faux. Il s'adresse également aux enseignants.
La France : mobilités et réseaux **1.** Vrai. **2.** Faux. Le réseau routier, utilisé par plus de 80 % des Français, prédomine largement. **3.** Vrai.

p. 78

L'Afrique australe : transition et développement **1.** Faux. Elle correspond à la région située au sud de l'Afrique. **2.** Vrai. **3.** Vrai et faux. L'Afrique australe n'est pas particulièrement touchée par la pollution, mais elle est très affectée par le réchauffement climatique. **4.** Vrai. **5.** 43 %.
L'Afrique australe : des mobilités complexes **1.** les ressources minières et le tourisme. **2.** d'émigration et d'immigration.

MIXTE
Papier issu de sources responsables
FSC® C022030

Nathan est un éditeur qui s'engage pour la préservation de son environnement et qui utilise du papier fabriqué à partir de bois provenant de forêts gérées de manière responsable.

Imprimé en Espagne par Macrolibros -10258701- Décembre 2019